Inge Fasan

10.000 Schritte in Wien

Zum Gehen verführt

Mit Fotos von Lukas Lorenz

KNEIPP
VERLAG WIEN

„Verlieren Sie vor allem nicht die Lust dazu zu gehen: ich laufe mir jeden Tag das tägliche Wohlbefinden an und entlaufe so jeder Krankheit“

Søren Kierkegaard wusste um die gesundheitliche Wirkung seiner täglichen Spaziergänge – seine Schritte zählte er dabei vermutlich nicht. Etwas mehr als ein Jahrhundert nach dem Tod des dänischen Philosophen fanden 1964 die Olympischen Sommerspiele in Tokio statt. Eine japanische Firma nutzte den Sport-Hype und brachte „Manpo-kei“ auf den Markt, den „10.000-Schritte-Zähler“. Da war sie, die ultimative Zahl zur Aufrechterhaltung unser aller Fitness – als Teil des Namens eines kleinen, birnenförmigen transportablen Geräts, das von Japan aus die Welt in Bewegung setzte. Die „10.000“ beruhten also nicht auf einer wissenschaftlichen Studie, sie waren ein Marketing-Gag. Aber ein guter, denn die magische Marke schaffte es sogar in die Empfehlungen der Weltgesundheitsorganisation.

Tatsächlich sind die „10.000“ eine gute Richtschnur für die tägliche Bewegungseinheit. Ob es mal ein paar Schritte mehr oder ein paar weniger sind, ist nicht so wichtig. Auch wo die „10.000“ herkommen, muss uns eigentlich nicht kümmern: Gehen aktiviert, kräftigt, beruhigt, vertreibt Sorgen, schärft die Sinne – und macht einfach glücklich. Und dass dieses Glück in Wien ganz einfach vor der Haustüre wartet, ist einer der vielen Vorzüge dieser Stadt: Die Wege verlaufen grün, urban, bergauf, bergab, am Wasser oder in der Höhe – und immer wartet eine Geschichte.

In diesem Sinne: Schuhe an und nichts wie raus!

Inge Fasan

Die Touren
im Überblick

01

Von Pötzleinsdorf über den Michaelerberg nach Salmannsdorf

Die Dörfer-verbindende

Stattliche Villen. Verzauberter Wald. Musikalische Sommerfrische.

Charakter der Tour
Hinauf und hinunter – so ist das im hügeligen Westen Wiens. Belohnt werden wir auf dieser sportlichen Tour mit dem Anblick imposanter Villen und einer grandiosen Aussicht auf Wien.

VERKEHRSANBINDUNG:
Start: Bim-Linie 41, Endstation Pötzleindorf
Ziel: Bus-Linie 35A, Endstation Salmannsdorf

Schon die Anfahrt mit dem 41er, von dessen Endstelle wir losstarten, ist ein Genuss: Ab der Haltestelle Scheibenbergstraße passieren wir nämlich ein Stück Pötzleinsdorfer Geschichte. Um die Mitte des 19. Jahrhunderts entdeckten betuchte Wiener Familien die Gegend als Sommerfrische – und bauten Villen. Einige davon stehen noch, ab und zu werden zu diesem Thema geführte Spaziergänge angeboten, z. B. auf wienzufuss.at. Watch out!

Wir beginnen unsere Tour nicht im imposanten Schlosspark (den durchqueren wir in der „Abwechslungsreichen"), wir nehmen – immer am Zaun des Parks entlang – die Geymüllergasse. An ihrem Ende liegt das Portal des Pötzleinsdorfer Schlosses. Als der letzte der wechselnden Besitzer, der Möbelfabrikant Max Schmidt, 1935 starb, vermachte er das Schloss der Stadt Wien mit der Auflage, das Gelände öffentlich zugänglich zu machen. Im Schlosspark tummeln sich heute Erholungsuchende, Kinder und Läufer*innen – Hunde sind nicht erlaubt. Im Gebäude selbst befindet sich eine **RUDOLF STEINER-SCHULE** (1).

Für uns geht es am Schlossportal rechts weiter – und schon drängt sich die **PÖTZLEINSDORFER KIRCHE** (2) zwischen die engen Mauern unseres Fußwegs. Die Kirche aus der Mitte des 18. Jahrhunderts markiert das Zentrum der ehemaligen Vorortgemeinde Wiens, eine Ansiedlung wurde bereits im 12. Jahrhundert urkundlich erwähnt. Ihr gegenüber liegt das

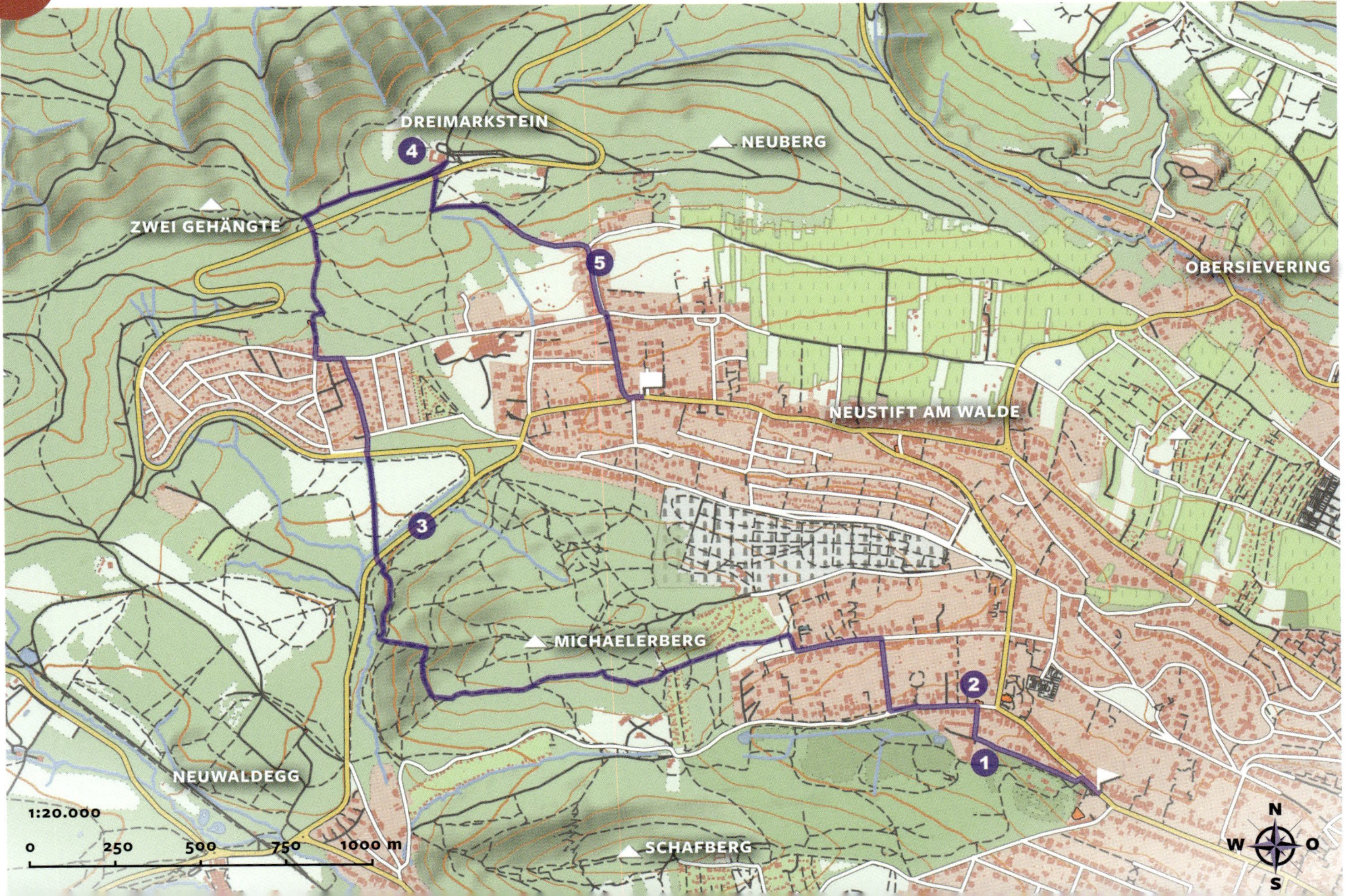
DREIMARKSTEIN
4
NEUBERG
ZWEI GEHÄNGTE
5
OBERSIEVERING
NEUSTIFT AM WALDE
3
MICHAELERBERG
2
1
NEUWALDEGG
1:20.000
0 250 500 750 1000 m
SCHAFBERG
N
W
O
S

Geymüllerschlössel, ein Standort des Museums für angewandte Kunst (MAK), in dem Empire- sowie Biedermeiermöbel, alte Uhren und ab und zu auch moderne Kunst ausgestellt werden.

Ein Besuch muss warten, denn wir gehen auf der Pötzleinsdorfer Straße weiter stadtauswärts und den Mosenthalweg rechts hinein. Entlang der schmalen, steilen Gasse sind einige Bänke aufgestellt – vermutlich, um den einen oder anderen Blick in die verwunschenen Gärten genießen zu können.

Oben angekommen geht's an der Dr.-Heinrich-Maier-Straße links. Nach einer imposanten Villa, von deren oberem Stock man sicher eine „Belle Vue" hat, wie ganz oben am Sims zu lesen steht, und zwei Mehrparteienwohnbauten tauchen rechter Hand die Stufen des Ignaz-Schreiner-Wegs auf. Flugs geht's hinauf, dann schlagen wir linker Hand einen Waldweg ein. „Betreten auf eigene Gefahr", warnt uns ein Schild. Gefahren lauern dort keine, außer vielleicht weicher Boden im Frühling und – nach Regenfällen – Gatsch, wie man in Wien sagt.

Nun folgt Idylle pur: Zwischen Schrebergärten wandern wir bis zu einer Kreuzung (markanter Bretterzaun rechts), die wir geradeaus queren. Schon wölbt sich über uns das Blätterdach des Michaelerwaldes, der den 387 Meter hohen Berg gleichen „Vornamens" überzieht. An der nächsten Kreuzung stoßen wir auf die grüne Markierung, die uns von jetzt an begleitet und zunächst zur Geroldsbank führt. Hier darf man sich ruhig etwas ausruhen – und einen Schluck Wasser haben wir uns auch verdient. Das Vogelgezwitscher ist herzerwärmend, immer wieder unterbrochen vom Stakkato der Spechte, die im Totholz nach Insekten suchen.

Weiter geht es auf einem breiten Waldweg, grüne Pfeile an den Bäumen weisen schließlich an einem kleinen Graben nach links hinunter, der doch recht frequentierten **HÖHENSTRASSE** **3** zu. Autolärm stört plötzlich die Waldidylle.

Die Pötzleinsdorfer Kirche ist ein Ruheort – innen und außen.

Die Waldandacht: einst kirtagähnliche Marienverehrung, heute ruhige Kapelle.

Bei einem markanten Baumstumpf am Fuß des Hügels wenden wir uns nach rechts. Ab da geht es grün-gelb weiter, bis uns eine Hinweistafel nach links zur „Waldandacht“ umlenkt. Wir queren die Höhenstraße und finden uns auf einem zauberhaften Weg zwischen zwei riesigen Wiesen wieder – Offenland nennt man das im Fachjargon. Die Wiesen gehören mit zu den schönsten und im Sinne des Naturschutzes wertvollsten freien Flächen Wiens. Gebüsche, einzelne Bäume und der nahe Waldrand sind Lebensraum zahlreicher Wildtiere.

Nach einem Viadukt mit auffälligen Graffitis queren wir den Kleeblattweg und spazieren durch eine ehemalige Schrebergartensiedlung den Quellenweg bergauf Richtung Waldrand.

An seinem Ende biegen wir links in den Waldrandweg ein, gleich danach geht's rechts hinauf zur „Waldandacht“, wo Tisch und Bänke zu einer kleinen Rast einladen. Die Geschichte der Kapelle hat etwas Skurriles: Ein Fabrikant stiftete 1869 nach einem Reitunfall, der glimpflich ausgegangen war, ein Marienbild, das er an eine Föhre hängte. Der jahrmarktartige „Marientourismus“, der rundherum entstand, missfiel dem damaligen Grundbesitzer. Er machte den „Auswüchsen“ ein Ende, indem er die Marienstatue aufstellen ließ – anscheinend war diese „seriöser“. Ab 1936 wurde eine Kapelle gebaut, die in ihrer heutigen

Ausstattung einen Bezug zur Schweiz hat: Im Inneren befindet sich unter anderem eine Statue des Schweizer Nationalheiligen Niklaus von der Flühe – als Dank an die Schweizer Caritas für deren Hilfe nach dem Zweiten Weltkrieg. Putzig sind die Malereien auf der Innenseite des Daches.

Sind wir erst einmal gestärkt, ist die letzte Steigung Richtung „Zwei Gehängte" ein Klacks. Es liegt nahe, dass die historische Flurbezeichnung auf den Hinrichtungsort zweier Verbrecher zurückgeht, die auf dem 447 Meter hohen Berg ihr Ende fanden. Ganz gesichert ist dieser Zusammenhang aber nicht. Wir wollen uns über den gruseligen Namen nicht weiter den Kopf zerbrechen, schlüpfen unter der Zwei-Gehängten-Brücke hindurch und folgen dem gelben Hinweisschild auf ebenem Weg und immer parallel zur Höhenstraße zum **HÄUSERL AM ROAN** **4**. Das Wirtshaus ist die „Gipfelhütte" des 454 Meter hohen Dreimarksteins, des höchsten Punkts unserer Tour. Sollte das Gasthaus nicht offen haben, bietet sich die schräge Wiese darunter für ein Picknick an. Atemberaubende Aussicht auf Wien inklusive.

Von nun an geht's bergab – nach Salmannsdorf. Unser Weg verläuft einmal mehr unter der Höhenstraße hindurch, unmittelbar unterhalb der Wiese biegen wir links ab

Die Wienerwald-Wege sind gut markiert, verirren ist – zumindest hier – unmöglich.

und stoßen auf die ersten Häuser der Zierleitengasse. Die schmale Gasse schließt das ehemalige Weinhauer-Gassendorf wie eine zarte Borte zum „Berg“ hin ab – eigentlich fehlt im Straßennamen also ein „s“.

Zwischen moderner und alter Architektur geht es nun steil hinunter, wir biegen rechts in die kopfsteingepflasterte Dreimarksteingasse ein. Noch ein paar Schritte sind's zur Dreimarkstein- oder **SEBASTIAN-KAPELLE** **5** mit ihrem hölzernen, spitz zulaufenden Glockenturm. In dieser Kapelle verkündete einst eine von Johann Strauss (Vater) gestiftete Glocke die Stunden – die Familie Strauss (Sohn) nutzte den Ort zwischen 1829 und 1832 als Sommerfrische. Eine Inschrift am Haus Dreimarksteingasse 13 lässt uns wissen, dass Johann Strauss (Sohn) hier seinen ersten Walzer komponierte.

Bergwertung
Auch Radfahrer*innen nutzen die Höhenstraße als Trainingsstrecke. Das Kopfsteinpflaster ist eine zusätzliche Challenge.

Das Schild am Haus gleich neben der Kapelle erklärt die Entstehung des Namens Salmannsdorf – allerdings nur der Legende nach. Mit Soliman (oder Sultan Süleyman I.), dem Anführer der osmanischen Truppen während der Ersten Türkenbelagerung, hat Salmannsdorf nämlich gar nichts zu tun. Am ehesten stammt der Name von Salmann, der Berufsbezeichnung für den Schreiber des Sal- oder Grundbuchs, oder vom Personennamen Salman(n).

Weiter geht es die Dreimarksteingasse bergab, bis sie auf die Sulzgasse stößt. Genießen Sie den wunderbaren Blick auf den gegenüberliegenden Michaelerberg – von dort sind wir gekommen!

Wir folgen der Sulzgasse bergab, biegen an der Hameaustraße links ein und gondeln mit dem 35A retour „in die Stadt“. Kleiner Bonus: Meist steht der Bus schon da, denn „An der Zwerchwiese“ hat er seine Endstation.

Über die Dreimarksteingasse geht's abwärts zum Bus „in die Stadt“.

Top 5 auf dieser Route

01. Rudolf Steiner-Schule Pötzleinsdorf

1982 mietete der Rudolf Steiner-Schulverein Pötzleinsdorf das Schloss samt Nebengebäuden von der Stadt Wien. Darin untergebracht ist der Waldorf-Kindergarten und die Rudolf Steiner-Schule Pötzleinsdorf. Die zwölfstufige Gesamtschule mit Öffentlichkeitsrecht legt Wert auf einen altersgerechten Lehrplan, Freude am Lernen und schulisches Weiterkommen ohne Notendruck.

02. Alte Pfarrkirche Pötzleinsdorf

Der spätbarocke Bau mit dem quadratischen Kirchturm wurde ab 1752 errichtet, bereits 1592 gab es die erste Nennung einer Kapelle. Vor der Kirche findet sich neben zwei barocken Grabsteinen die Pötzleinsdorfer Quelle, der man wundertätige Wirkung nachsagte. Wogegen genau das Wasser wirkt, ist leider nicht bekannt.

03. Höhenstraße

Die mit 14,9 km längste Wiener Gemeindestraße entstand in den Jahren 1934 bis 1938/40. Mit ihr huldigte der Ständestaat einer technikaffinen Zukunft, gleichzeitig war sie eines der Bauprojekte zur Eindämmung der Massenarbeitslosigkeit. Fußgängern war das Betreten der Straße verboten, für sie gab es eigens angelegte Wege.

04. Häuserl am Roan

Bereits um 1900 wurden an der Stelle des heutigen Wirtshauses aus einem Kiosk Erfrischungen und kleine Speisen angeboten. Leopoldine Svetly und ihr Oberkellner und späterer Ehemann Hans Bodenstein ließen das „Häuserl" 1929/30 errichten. Den Parkplatz für die „Automobilisten" gab es schon damals – und bis 1970 auch einen Parkwächter.

05. Sebastiankapelle

Die kleine Kapelle stammt aus dem dritten Viertel des 18. Jahrhunderts. Sie beherbergt eine Figur des Hl. Sebastian aus dem 17. Jahrhundert. Sebastian ist einer der Pestheiligen: 1713 verstarben 74 der insgesamt 118 Einwohner von Salmannsdorf an der Seuche.

02

Von der Krieau über den Grünen Prater an die Donau

Die Vielgestaltige

02

Neues Viertel. Grüner Dschungel. Freier Fluss.

Charakter der Tour
10.000 Mal einen Fuß vor den anderen setzen und dabei mindestens drei verschiedene Welten erleben – das kann man auf dieser buggytauglichen Tour ohne jegliche Steigung.

VERKEHRSANBINDUNG:
Start: U2, Station Krieau
Ziel: U2, Station Donaumarina (oder S80/Bus-Linie 77A, Station Praterkai)

Wir verlassen die U2 an der Station Krieau über den gleichnamigen Ausgang und stehen mitten in der Zukunft – so fühlt es sich jedenfalls an. Dabei ist das neue „Viertel Zwei“, das sich hakenförmig um die Nordostkurve der Trabrennbahn Krieau legt, zum größten Teil schon Gegenwart. Also nichts wie hinein! Wir überqueren die Straße an der Ampel, gehen am verspiegelten nierenförmigen Headquarter der OMV vorbei und überqueren das Herzstück des Viertels, eine glitzernde Wasserfläche, in der einige Bäume stehen, auf dem dafür vorgesehenen Steg. Ein Blick in die Runde lohnt sich: Büro- und Wohngebäude wechseln einander ab, um die Wasserfläche gibt’s Kunst und am Ufer ein Lokal. Wie gemacht für einen After-Work-Drink. Verführerisch!

Wir besiegen den inneren Schweinehund, der nach einem Kaffee am Ufer lechzt, und gehen nach dem Steg geradeaus weiter. „Am Grünen Prater“ geht es links, immer der **TRABRENNBAHN** (1) entlang. An manchen Wochenenden werden noch Rennen veranstaltet, auch wochentags sieht man vereinzelte Sulkys über die Bahn flitzen.

Linker Hand ducken sich die alten Stallungen vor die modernen Gebäude, irgendwie passt das alles gut zusammen: Die geschwungenen Formen der neuen Architektur nehmen den Bogen der Rennbahn auf, auch die Rundung des Praterstadions in der Ferne korrespondiert mit den gebogenen Elementen. Das Ensemble darf – bis jetzt – als gelungen betrachtet werden.

1
2
3
4
5
DONAUINSEL
PRATER HAUPTALLEE
1:20.000
0
250
500
750
1000 m
N
W
O
S

Krieau
Der seltsame Name leitet sich von „Kriegsau“ ab, denn im 16. Jahrhundert prozessierten Wien und Klosterneuburg 70 Jahre lang um das Areal. 1618 wurde es schließlich Wien zugesprochen.

Am Ende der Rennbahn liegen seltsame Utensilien zum Rechen der Bahn bereit: riesige Besen aus Zweigen, so etwas wie eine Egge und Ringe, die wohl zum Glätten über die Bahn gezogen werden. Wir biegen rechts ein – und sind wieder in einer anderen Welt. Linker Hand verstecken sich zwei Ateliergebäude in Gärten mit gewaltigen Platanen. Sie sind die Reste des 200 Pavillons umfassenden Kunstbezirks, der anlässlich der Weltausstellung 1873 errichtet worden war, und stammen aus der Hand Carl von Hasenauers. Hier entstanden Plastiken für die Ringstraßenbauten, danach arbeiteten Anton Hanak, ab 1945 Karl Prantl, Josef Pillhofer, Joannis Avramidis, Oswald Stimm, Alfred Hrdlicka, Oswald Oberhuber oder Bruno Gironcoli (um nur einige zu nennen) auf dem 25.000 Quadratmeter großen Areal. Heute werden die unterschiedlich großen Ateliers vom Bund vergeben.

Gegenüber findet sich das Kontrastprogramm zu den üppigen Kunst-Häusern: Die schönen, schlichten Rennbahn-Tribünen und der Stahlskelettbau des Zielrichterturms wurden von drei Otto-Wagner-Schülern – Emil Hoppe, Marcel Kammerer, Otto Schönthal – geplant.

Nun geht es aber wirklich hinein in den Grünen Prater. Wir spazieren geradeaus, queren die Gleise der **LILIPUTBAHN** 2 und schon stoßen wir auf die Prater Hauptallee, auf der es an Wocheneden zugeht wie auf der Südosttangente – nur eben ohne Autos. Die Straße ist Läufer*innen-Hotspot, Kinderwagen-Flaniermeile, Rad-Autobahn. Glücklicherweise gibt es die „Nebenfahrbahn“, wir folgen ihr links Richtung Lusthaus, vorbei an der Liliputbahn-Station „Stadion“ bis zur Kreuzung Meiereistraße. Kurz davor gibt es noch einen Hydranten, an dem Wasserflaschen gefüllt werden können.

Besonders schön ist es hier im späten Frühling: Der Wind weht dann Kastanienblüten wie Schnee über die eifrigen Sportler*innen – und über uns. Allzu großem Trubel wollen wir uns heute nicht aussetzen,

STADION

Im Prater findet sich immer ein Ruheplätzchen.

deshalb queren wir die Hauptallee nach der Kreuzung und nehmen den asphaltierten Weg an der nördlichen Seite des Heustadelwassers. Vorbei an einem Kinderspielplatz mit hölzernen Klettergeräten marschieren wir bequem am idyllischen Wasser entlang. Umgestürzte – oder von Bibern gefällte – Bäume ragen in bizarren Formen aus dem Wasser, Enten lieben diese Aussichtsplätze, auch der eine oder andere Reiher späht nach Fressbarem unter Wasser. Auffallend ist die Häufung von Hunden in diesem Areal: Auf der anderen Seite des Heustadelwassers bei der Rustenschacherallee liegt die größte Hundeauslaufzone Wiens (mit fast 300.000 Quadratmetern!). Ihr Vierbeiner würde sich über einen Abstecher dorthin sicher freuen.

Unser Weg führt nun unüberhörbar unter der – echten – Südosttangente durch, wir treffen wieder auf die Hauptallee, queren sie an der Kreuzung Lusthausstraße und folgen ihr einige Meter stadtauswärts. Das verlockende Hinweisschild zum Schutzhaus Heustadelwasser ignorieren wir und zweigen gleich danach schräg links in den rot markierten Stadtwanderweg 9 ab. Das menschliche Stimmengewirr macht Vogelgezwitscher Platz – wir tauchen ab in den grünen Dschungel.

Es geht unter der Ostbahn hindurch, die Graffitis an der rechten Wand der Unterführung wirken, als wären sie von der Stadt Wien in Auftrag gegeben – oder von den Wiener Linien: U-Bahn und Bim dominieren die Szenerie. An der Kreuzung danach will uns ein Schild abermals zum Schutzhaus Heustadelwasser entführen – wieder nichts, denn wir folgen dem 9er-Weg nach wie vor geradeaus bis zum Blechschild „Maria Grün“. Dort queren wir die Aspernallee und sehen die Mauern der angekündigten Kirche bereits zwischen den Bäumen hervorleuchten. An der **WALLFAHRTSKIRCHE MARIA GRÜN** **3** lassen wir uns kurz nieder – um zu trinken und um anschließend eine Runde um das Gebäude zu drehen: Der Kreuzweg, Jesus in der Glasvitrine, das Aids-Memorial in Form einer Schleife aus roten Blumen – der Andachtsort wirkt sehr lebendig.

Graffiti & Murals
Wer in Wien Wandbilder bestaunen möchte, dem sei der Donaukanal ans Herz gelegt, z. B. auch auf der Spittelauer Lände, der Schwender- oder der Yppenmarkt.

Die Kirche Maria Grün ist auch ein Ort der AIDS-Seelsorge.

Wir setzen unseren Weg entlang des Stadtwanderwegs fort und gehen, begleitet von einer „Pferdespur“ rechts des Weges, durch den Wald bis zum Krebsenwasser. Gemeinsam mit dem Mauthnerwasser gilt es als Naturdenkmal und gibt eine Idee vom Aussehen der ursprünglichen Aulandschaft.

Am Ende des Krebsenwassers verlassen wir den Stadtwanderweg und folgen an der Kreuzung dem grünen Pfeil Richtung Grünhaufenbrücke nach links. Nur dort lässt sich die Hafenzufahrtsstraße zum rechten Donaudamm überqueren. Wir treten also aus dem Dickicht, wenden uns nach links und gehen zur Brücke hinauf. Hier zeigt uns ein Blick stadteinwärts den Marina-Tower und ganz im Hintergrund den Leopoldsberg, rechts geht's zum Hafen Freudenau.

Nach der Brücke biegen wir rechts auf den Treppelweg ab, denn er führt zu zwei Highlights. Fest vertäut liegen die Kähne des schwimmenden Schiffmuseums am Ufer. Liebevoll und fachkundig gewartet und präsentiert von Kapitän Franz Scheriau können hier mehrere historische Kähne besucht werden. Highlight: die Frédéric Mistral, die zwischen 1914 und 1918 auf der Donau im Einsatz war – als Minensuchbot und für Inspektionsreisen Kaiser Franz Josephs. Zu diesem Zweck hat sie sogar eine Geheimkabine im Bug. Falls das Museum offen hat: nichts wie rein.

Schiffmuseum
Das sehenswerte Freilichtmuseum kann täglich zwischen 12 und 20 Uhr besucht werden. Mit einigen der Schiffe werden auch Rundfahrten angeboten.

Noch etwas weiter donauabwärts, inmitten eines Kirschenhains, steht die **FRIEDENSPAGODE WIEN** 4, unser heutiger „Umkehrpunkt“. 1983 hat Österreich als erstes Land in Europa den Buddhismus als Religion anerkannt. Im selben Jahr wurde der Stupa von Mönchen des Nipponzan-Myōhōji-Ordens nach den Plänen von Franz Richard Schnabel gebaut. Ziel des Ordens ist es, mit dem Bau von Stupas weltweit Frieden zu verbreiten.

Wir machen einen Selbstversuch: Im Duft der Räucherstäbchen, vermischt mit dem Duft des Donauwassers, umrunden wir den Stupa im Uhrzeigersinn – ganz wie es sich gehört. Und tatsächlich kehrt – auch durch den weiten Blick

Besonders schön ist die Friedenspagode zur Zeit der Kirschblüte.

hinüber zur Donauinsel mit den dort vertäuten Daubelfischerbooten – so etwas wie Ruhe ein. Und Ruhe ist immer noch eine Form des Friedens.

Derart meditativ eingestimmt machen wir uns auf den Rückweg entlang des Treppelwegs donauaufwärts. Noch einmal geht's vorbei am Schiffmuseum. Diesmal werfen wir einen Blick in die „Bring-was-mit"-Kiste: Bücher! Sollten Sie also auf einer Bank unter den Kirschbäumen gerade eines ausgelesen haben, können Sie es einfach dazulegen. Und dafür ein anderes mitnehmen.

Mit dem Blick auf die markante **DONAUSTADTBRÜCKE** 5, die Hochhäuser auf der Donauplatte und den Marina-Tower wandern wir stadteinwärts. Etwas anachronistisch wirkt das Schild am Ufer: „Privat Lände Jugoslawische Flussschifffahrt" – da ist wohl die Zeit stehengeblieben.

Tipps

Gehen im Lot

Was ist ein achtsamer Schritt?
Am Beginn des Gehmeditations-Weges in einem Zen-Kloster findet sich ein großer Stein, in den der Satz gemeißelt ist: „Ein frischer Windhauch steigt auf von jedem Schritt." Und der Zen-Meister Thích Nhất Hạnh zeichnet vom achtsamen Gehen folgendes Bild: „Wir müssen so auf der Erde gehen, dass jeder Schritt ein Ausdruck von Frieden und Gelassenheit ist. Gehe, als küsstest du die Erde mit deinen Füßen." – Darin klingt bereits an, was ein achtsamer Schritt ist: Jeder einzelne Schritt ist kostbar und voller Leben. Jeder Schritt ist einmalig und nicht wiederholbar.

Gibt es dabei ein Ziel, auf das wir zugehen?
Die Gehmeditation zielt nicht darauf ab, einen bestimmten Ort in einer bestimmten Zeitspanne zu erreichen. Der einfache Vollzug des Gehens ist entscheidend. Wir entspannen uns und werden ganz eins mit diesem einen gegenwärtigen Schritt. Nur dieser eine Schritt ist jetzt wichtig. Jeder Schritt ist Leben – das ist der Grund, warum wir unsere Schritte verlangsamen und unsere Füße ganz ruhig und bewusst den Boden berühren lassen sollten.

Wie können wir lernen, bewusster durch das tägliche Leben zu gehen?
In unserem Alltag haben wir Sorgen, Ängste oder fühlen uns gehetzt. Oft wollen wir schon dort sein, wo wir noch nicht sind. Und wir übersehen den Schritt, den wir gerade tun. Unsere Schritte ruhig und entspannt zu gehen, bedarf einer täglichen bewussten Ausrichtung und fällt uns nicht einfach zu: Indem wir uns eine Zeitlang nur auf diesen einen Schritt fokussieren, baut sich Kraft auf – die Kraft der Sammlung. Die Gedanken, die uns besetzen, können allmählich zur Ruhe kommen und losgelassen werden. Das Gehen bringt uns ins Lot.
Ob in einem Park oder auf der überfüllten Mariahilfer Straße, ob im Wald oder an einem Flussufer – wir können jederzeit und an jedem Ort beginnen, unsere Schritte bewusst zu gehen, mit allen Fasern unseres Körpers, mit allen Sinnen, mit aller Energie und genau der Zeit, die uns ein Weg eben abverlangt. Der Boden unter unseren Füßen ist eine Metapher für die Gegenwart. Für die Präsenz, in der wir zutiefst zu Hause sind.

„Wohin gehen wir?", fragt Novalis und gibt sich selbst die Antwort: „Immer nach Hause." Im Grunde genommen ist jeder Schritt ein Nachhause-Kommen. Seien wir uns dessen bewusst.

CHRISTOPH SINGER, autorisierter Zen-Lehrer,
Pädagoge,
Psychotherapeut
zengruppe-wien.at

Wir marschieren unter der Schnellbahnbrücke der S80, der sogenannten Marchegger Bahn, hindurch. Alle 30 Minuten könnten wir von hier zurück in die Stadt fahren – und sogar bis nach Hütteldorf! Wir aber hängen noch ein paar Schritte an und steigen an der Station Donaumarina in die U2. Und weil unsere Tour so flach war, nehmen wir die Treppe zum Bahnsteig. Bravo!

Top 5 auf dieser Route

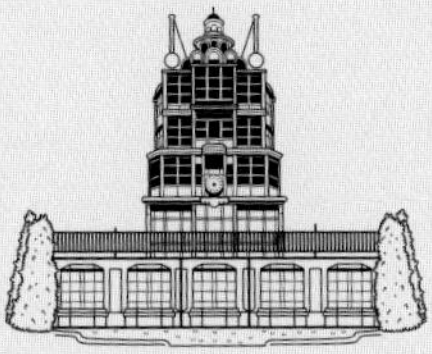

01.
Trabrennbahn Krieau
Die Entstehung der Rennbahn ist eng mit der Gründung des „Trabrenn-Vereins zur Förderung der Pferdezucht in Österreich-Ungarn" verbunden. Die Bahn wurde 1878 als eine der ältesten Europas eröffnet. Aktuell finden Rennen ca. zweimal pro Monat statt (mehr dazu auf krieau.at).

02.
Liliputbahn
Die Schmalspurbahn wurde im April 1928 eröffnet, 1938 wurde der jüdische Teilhaber der Firma gezwungen, seine Anteile ohne Entschädigung an seine Geschäftspartner abzutreten. Ab 1947 fuhr die Bahn wieder – und sie tut es bis heute: Von März bis Oktober zuckelt sie zwischen Riesenrad und Stadion.

03.
Wallfahrtskirche Maria Grün
Auf Initiative des Gastwirtes Franz Plankenbüchler entstand ab 1911 ein beliebter Marien-Andachtsort mitten im Wald. Die Kirche stammt aus dem Jahr 1924, ihren Namen verdankt sie dem Altarbild, das Maria in den Praterauen zeigt. Sie ist auch Zentrum der AIDS-Seelsorge: Zeichen dafür ist die große rote Blumenschleife neben dem Gebäude.

04.
Friedenspagode Wien
Der buddhistische Stupa ist einer von mehr als 80 Friedenstempeln weltweit. Nichidatsu Fujii, der Gründer des Ordens, der den Ort betreut, ließ die ersten Friedenspagoden 1947 in Hiroshima und Nagasaki errichten, im Gedenken an den Atombombenabwurf auf die beiden japanischen Städte zwei Jahre zuvor.

05.
Donaustadtbrücke
Auf der markanten Stahl-Schrägseilbrücke überquert die U2 seit 2010 die Donau und verbindet den 2. mit dem 22. Wiener Gemeindebezirk. Die Konstruktion der Brücke ist eine Gemeinschaftsarbeit des Ingenieurs Alfred Pauser und der Architekten Wilhelm Holzbauer und Heinz Marschalek.

03

Vom Ziegel- zum Kabelwerk durch eines der schönsten Naherholungsgebiete Wiens

Die Rote

03

Gebrannter Lehm. Junge Partei. Sonnengeküsste Haut.

Charakter der Tour
Geschichtsträchtig präsentiert sich diese einfach zu gehende Tour, die von den Ziegelteichen am Wienerberg über die Triester Straße bis zum Vorzeige-Wohnprojekt Kabelwerk führt.

NATUR

STADT

KINDER

BUGGY

HUNDE

VERKEHRSANBINDUNG:
Start: Bim-Linie 1, Endstation Stefan-Fadinger-Platz
Ziel: U6, Station Tscherttegasse

Diese Tour hat Geschichte, denn wo heute gejoggt, mit der Seele gebaumelt und gebadet wird, stand Ende des 19. Jahrhunderts die größte Ziegelfabrik Europas, streikten Tausende Arbeiter und feierte die junge Sozialdemokratie erste Erfolge. Aber alles der Reihe nach.

Wir starten an der Endstelle des 1ers, „Stefan-Fadinger-Platz", die sich eigentlich noch in der Windtenstraße befindet. Unübersehbar ist dort der Favoritner **WASSERTURM** (1). Der 1898/99 errichtete Speicher mit den bunt glasierten Dachziegeln versorgte einst Teile des 10. und 12. Bezirks mit Trinkwasser. Durch die Inbetriebnahme der II. Wiener Hochquellenwasserleitung 1910 verlor er seine Funktion, blieb aber bis in die 50er-Jahre fallweise in Betrieb. Natürlich kann er besichtigt werden, nicht nur im Rahmen der immer wieder stattfindenden Ausstellungen.

Wir queren die Raxstraße, gehen die Gaißmayrgasse abwärts bis zur Weitmosergasse und biegen dort links ein. Auffallend sind die soliden, gleichförmigen Häuser der „Siedlung am Wasserturm", die 1923/24 von der GESIBA (Gemeinwirtschaftliche Siedlungs- und Baustoffanstalt) erbaut wurde. Am Stefan-Fadinger-Platz schiebt sich ein massiver Kirchenbau in unseren Blick: Die ehemalige Karmeliterkirche wurde ab 1928 vom Wiener Architekten Hans Prutscher erbaut – mit einer Unter- und Oberkirche. Die Unterkirche diente im Zweiten Weltkrieg als Luftschutzkeller. Bei der Bombardierung am 21. Februar 1945 verloren dort

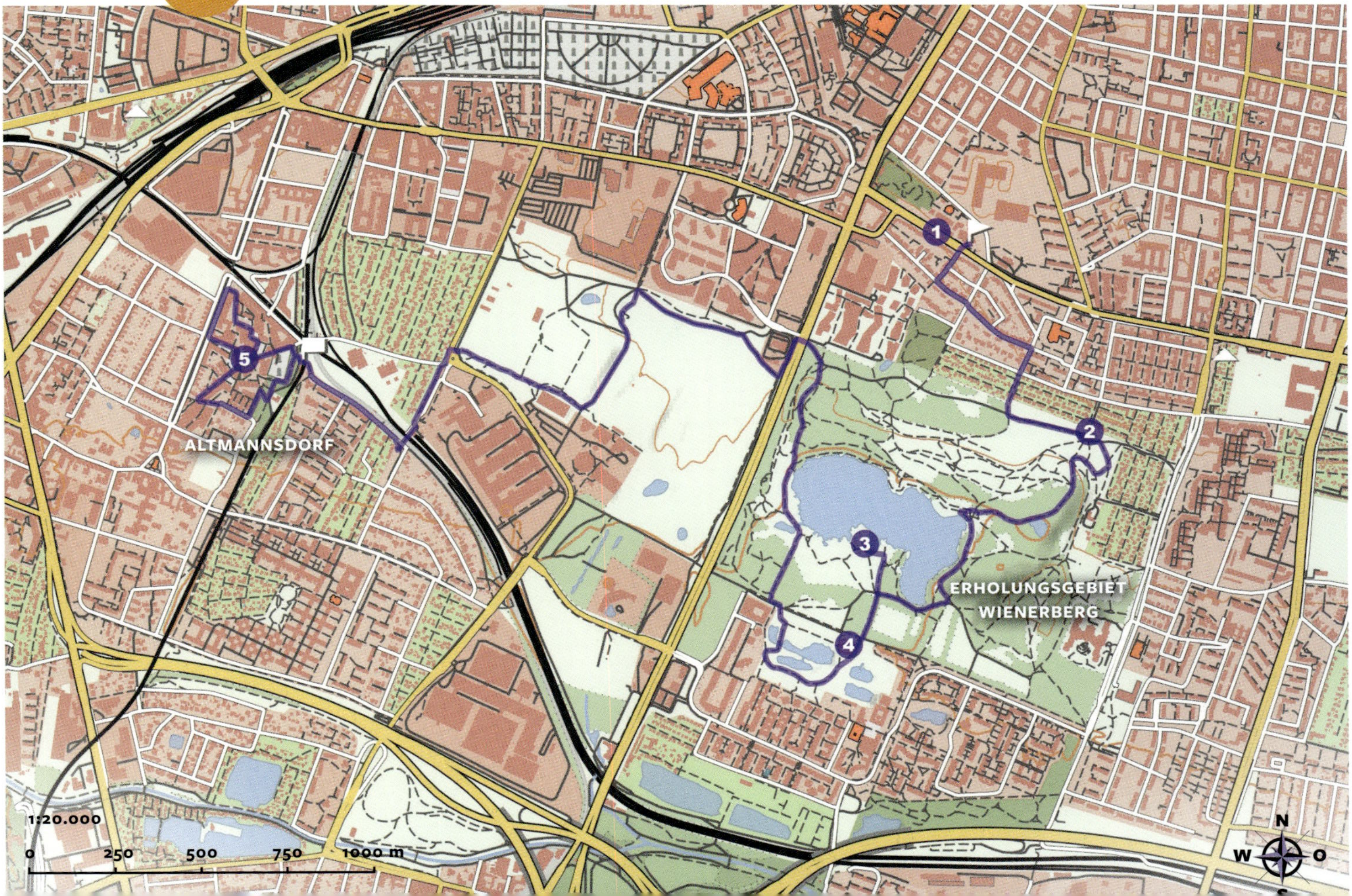
ALTMANNSDORF
ERHOLUNGSGEBIET
WIENERBERG
1
2
3
4
5
1:20.000
0
250
500
750
1000 m
N
W
O

140 Menschen ihr Leben. Heute gehört der Bau der Syrisch-Orthodoxen Kirche von Antiochien.

Über die Lindkogelgasse, in die wir rechts einbiegen, gelangen wir zum Gelände des Erholungsgebiets Wienerberg. Zwischen 1983 und 1995 wurde das 120 Hektar große Areal, das einst den Lehm für die Ziegelfabriken lieferte, in eine grüne Oase verwandelt. Ab der Holztafel, die von der Aufforstung der einst kahlen Terrassen berichtet, folgen wir dem Wilfried-Kirchner-Weg nach links bis zu einem grandiosen Aussichtsplatz, der ein skurriles Filmrequisit beheimatet.

Seit Herbst 2020 trohnt auf diesem „Balkon" des Wienerbergs nämlich das Eingangstor zur **MA 2412** **2**. Gedreht wurde die so betitelte TV-Comedy-Serie rund um den österreichischen Beamtenschimmel nicht weit von hier – in einer leer stehenden Volksschule an der Triester Straße. Heute führt das Tor nicht in eine muffige Amtsstube, sondern in die Weite des Wiener Beckens. Über die südlichen Hügel des Wienerwalds hinweg kann man an klaren Tagen bis zum Schneeberg sehen.

Einige Tafeln informieren über die Geschichte des Areals und auch wir tauchen während des Abstiegs, für den wir den linken Weg am Großen Lehmteich vorbei nehmen, in die Historie des Geländes ein – zumindest gedanklich: Die Lehmvorkommen unter unseren Füßen wurden schon von den Römern für die Ziegelherstellung genutzt. Unter Maria Theresia wurde die erste Ziegelei errichtet, in der zweiten Hälfte des 19. Jahrhunderts schufteten bis zu 10.000 Arbeiter aus Böhmen und Mähren, um Ziegel für die Gebäude an der Ringstraße oder die Viadukte der Semmeringbahn herzustellen. Die soziale Lage der sogenannten „Ziegelböhm" war mehr als prekär. Sie hausten zusammengepfercht in Baracken, nächtigten in Pferdeställen oder direkt in den Ziegelöfen. Die ab 1870 als Aktiengesellschaft geführte Fabrik schüttete währenddessen saftige Dividenden aus. Kein Wunder, dass es unter den Arbeiter*innen zu brodeln begann.

Sandler

Jene Arbeiter, die Ziegelformen mit Sand ausstreuten, bevor der Lehm eingefüllt wurde, nannte man Sandler. Sie standen in der Hierarchie der Tätigkeiten bei der Ziegelherstellung auf der untersten Stufe. Ob der Ausdruck „Sandler" für einen nichtsnutzigen, untätigen Menschen hier seine Wurzeln hat, ist aber umstritten. Möglicherweise leitet sich der Begriff auch vom mittelhochdeutschen „seinde" ab, das „langsam" oder „träge" bedeutet.

Mittlerweile sind wir an der „Badebucht" des Wienerbergteichs angekommen. An ihrem westlichen Ende gibt es einen FKK-Bereich, vor Sonnenbrand schützen Büsche und Bäume. Es mag aber nicht jedermanns und -fraus Sache sein, die streifenlose Bräune so nah an Spazierwegen zu erwerben. Wir behalten unsere Sachen jedenfalls an und machen uns auf, den Wienerbergteich im Uhrzeigersinn zu umrunden.

Viele der Fabriksarbeiter*innen wurden krank – kein Wunder angesichts der katastrophalen hygienischen Zustände und der 16-Stunden-Arbeitstage. Einer der Ärzte, bei dem sie – selten genug – Hilfe suchten, war **VICTOR ADLER** (3). Er ließ sich im Dezember 1888 inkognito in die Fabrik einschleusen und erfasste das Elend in seiner ganzen Dimension. Unmittelbar danach veröffentlichte er die Reportage „Die Lage der Ziegelarbeiter" und rückte damit diejenigen, die im Schatten der prunkvollen Bauten der Monarchie schufteten, in den Blickpunkt.

Wir unterbrechen unseren historischen Exkurs an dieser Stelle für eine Durchsage: Erkunden Sie, während Sie Ihre Umrundung fortsetzen, immer wieder die kleinen Pfade zum Ufer. Wenn dort kein Fischer

Rechts, links oder in der Mitte

Den Wienerberg kann man auf vielen Wegen begehen. Buggypilot*innen nehmen die breiten, bequemeren, Abenteuerlustige die schmalen, gewundenen. Zwei- mit ihren Vierbeinern können die Hundezone gleich unterhalb des MA-2412-Tores nutzen, bevor es ins kühlende Nass geht.

WIEN SÜD

03

Das Chadim – angeblich schon zu Victor Adlers Zeiten ein Versammlungsort der Arbeiter*innen.

sitzt, dann nutzen Enten die versteckten Plätzchen zum Ausruhen.

Die Arbeiter*innen begannen, sich mithilfe der Sozialdemokratischen Arbeiterpartei, die zur selben Zeit und unter maßgeblicher Beteiligung Victor Adlers gegründet wurde, zu organisieren. Der große Streik vom 16. April 1895 führte zumindest dazu, dass die tägliche Arbeitszeit auf „nur mehr" elf Stunden gesenkt, Kinder- sowie Nachtarbeit für Frauen verboten und die Sonntagsruhe eingeführt wurde.

Die der Badebucht gegenüberliegende schilfgesäumte Uferwiese ist ein wunderbarer Picknickplatz – mitgeliefert wird der atemberaubende Blick auf die Skyline der Wienerberg City. Wer keinen Picknick-Korb dabeihat, geht einfach noch einige Meter entlang des Ufers weiter und biegt dann links ab. Am Friedrich-Adler-Weg, benannt nach dem Sohn des schon bekannten Victor, weist uns ein Schild zum **GASTHAUS CHADIM** ④. Dessen Geschichte reicht ebenfalls bis ins 19. Jahrhundert zurück, angeblich sprach Victor Adler hier immer wieder zu den Arbeiter*innen. Vielleicht war es auch Versammlungsort eines jener Bildungs-, Kultur- und Sportvereine, in denen sich die „Ziegelböhm" im Roten Wien organisierten.

Von hier aus wollen noch zwei kleinere Teiche umrundet werden: Nach dem Waldspielplatz an der Hinterseite des Gasthauses wandern wir in einer Rechtskurve weiter, beim Kindergarten wählen wir die rechte Abzweigung, die uns über eine Brücke wieder zum Friedrich-Adler-Weg führt. Ihn queren wir und gelangen, immer an einem Rinnsal entlang, wieder zum großen Teich. Wer genau schaut, erkennt linker Hand steile Lehmwände, die den ursprünglichen Charakter des Areals noch erkennen lassen.

Nach der Schließung der Betriebe in den 1960ern lud man hier Schutt und Müll ab, doch die Gegend wurde auch zum Niemandsland – zum Freiraum für die Jugendlichen der umliegenden Gemeindebauten. Anrainer von damals erzählen vom Lianenrauchen, von wilden Geländeradfahrten und ersten Anbandeleien rund um die Teiche.

Unser Weg führt nun leicht aufwärts, wir müssen die Triester Straße queren, um in den westlich gelegenen Teil des Wienerberg-Areals zu gelangen. Kaum zu glauben, wie nahe Verkehrshölle und Naturidylle hier beieinanderliegen. Wir sind jedenfalls froh, als die Ampel grün wird, und marschieren – mit Blick auf das ehemalige Philips-Haus, einst markanter Stelzenbau an den Toren Wiens – den Wilfried-Kirchner-Weg an der Nordseite des Golfplatzes entlang und lassen dabei Tankstelle und Burger-Filiale rechts liegen. An der Kreuzung neben dem bogenförmigen „Wohnpark am Golfplatz" biegen wir links ab, bei der nächsten Übersichtstafel rechts. An Tennis- und Fußballplätzen vorbei geht es nun geradeaus bis zum Kreisverkehr an der Eibesbrunnergasse. Ihr folgen wir links über einen Fuß-

weg, queren die Bahngleise über eine Brücke (oben unbedingt links und rechts schauen), biegen danach rechts in die Tscherttegasse ein und spazieren auf ihr bis zur gleichnamigen U6-Station.

Bevor wir in die U-Bahn einsteigen, machen wir aber noch eine kleine Runde durch das Wohn- und Kulturprojekt **KABELWERK** 5, das hinter dem kleinen Friedhof Altmannsdorf den Endpunkt unserer industriehistorischen 10.000 Schritte bildet. Auch hier stand im 19. Jahrhundert eine Fabrik – für „Drähte und Kabel aller Art", natürlich aus Ziegeln gebaut. Heute schmiegen sich fröhlich bunte Terrassenbauten und elegant geschwungene Baukörper aneinander. Dazwischen liegen enge Gässchen, die zur wasserbespielten Piazza führen. Dort lässt sich auch ein Belohnungsgläschen trinken. Sehr italienisch, das alles. Salute!

Umgekehrt
Wenn Sie die Tour im Kabelwerk beginnen, gibt's an ihrem Ende am Wienerberg warme Krapfen, und zwar in der Bäckerei Groissböck, Ecke Raxstraße/Neilreichgasse.

Top 5 auf dieser Route

01.
Wasserturm

Der 67 Meter hohe Turm wird heute für Ausstellungen genutzt. Im Rahmen von Führungen können Schwindelfreie die eiserne Wendeltreppe hochsteigen und auf der Plattform den Rundumblick genießen. Untenrum wurde ein Wasserspielplatz für Kinder angelegt, inklusive See, „Gebirgsbach“, Wasserfall und „Gatschzone“. Ein guter Tipp für heiße Tage!

02.
MA 2412

Das „Amt für Weihnachtsdekoration“ gab den Rahmen für diese österreichische Kult-Sitcom, die von 1998 bis 2002 produziert wurde. Auf die Schaufel genommen wurde die österreichische Bürokratie, die zugehörigen „Beamt*innen“ verkörperten Kabarett-Größen wie Monica Weinzettl, Alfred Dorfer, Roland Düringer und Karl Ferdinand Kratzl als Weihnachtsmann „Herr Claus“.

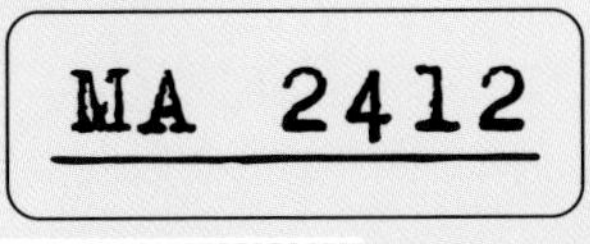

03.
Victor Adler

Der 1852 in Prag geborene Arzt, Journalist und Politiker engagierte sich in all seinen Berufen für sozial benachteiligte Menschen. Mit seinem Erbe betrieb er die Wochenzeitschrift „Gleichheit“, in der er seine Reportage über das Elend der Ziegelarbeiter veröffentlichte, 1889 gründete er die „Arbeier-Zeitung“. Adler wurde zum ersten Vorsitzenden der zum Jahreswechsel 1888/89 gegründeten Sozialdemokratischen Arbeiterpartei (SDAP) gewählt

04.
Gasthaus Chadim

Einst populärer Versammlungsort der Ziegelarbeiter*innen wird „das Chadim“ heute als Restaurant, Location für Feste und Seminarhaus betrieben. Gekocht wird Gutbürgerliches und Saisonales, für Kinder gibt es ausreichend Spielmöglichkeiten. Der Gastgarten mit Blick auf den Teich ist bezaubernd.

05.
Kabelwerk

1903 übersiedelte der Industrielle Otto Bondy mit seiner Fabrik für isolierte Drähte und Kabel aus Penzing in die Meidlinger Oswaldgasse. Nach der Schließung des Betriebs 1997 wurden in einem Bürgerbeteiligungsverfahren Vorschläge für die künftige Nutzung des Areals gesammelt: Teile der alten Industriearchitektur blieben bestehen, neue Wohngebäude winden sich um Freiräume, mit dem WERK X hat auch Theaterkultur Einzug gehalten.

HAMI HAMI

04

Vom Himmelmutterweg über den Pötzleinsdorfer Schlosspark zur Schafbergkirche

Die Abwechslungsreiche

Hinauf zum Himmel. Quer durch den Park. Steil auf den Berg.

Charakter der Tour
Eine abwechslungsreiche Rundtour mit einigen Steigungen und schönen Ausblicken. Zum Schluss gibt's einen Heurigen mit Geschichte.

NATUR
STADT
KINDER
BUGGY
HUNDE

(Hundeverbot im Pötzleinsdorfer Schlosspark)

VERKEHRSANBINDUNG:
Start: Bim-Linie 43, Station Himmelmutterweg
Ziel: Bim-Linie 43, Station Dornbacher Straße

Wir starten an der 43er-Straßenbahnhaltestelle Himmelmutterweg in der Alszeile. Letztere gehen wir ein kurzes Stück stadteinwärts und biegen links in den Himmelmutterweg ein.

Zur Himmelmutter scheint er auch tatsächlich zu führen, denn die kleine Straße ist steil. In Wirklichkeit hat sie ihren Namen von einem Gasthaus „Zur Himmelmutter", das einst an ihrem oberen Ende für Labung sorgte. Rechter Hand liegt der Alsegger Weinberg, der zum nahen Gut des Stiftes St. Peter gehört und das Austreiben, Blühen und Reifen der Reben mitten in der Stadt erlebbar macht. Es lohnt sich, übers Jahr verteilt immer wieder einmal vorbeizuschauen. Von der Korngasse am oberen Ende der Rieden hat man einen schönen Blick auf den gegenüberliegenden Wilhelminenberg samt zugehörigem Schloss.

Wir steigen aber weiter bergan, bis wir auf die Czatoryskigasse treffen, die wir zum Hans-Bock-Park hinüber queren. Dort steht ein kleiner Kiosk, der im Sommer Eis und Erfrischungsgetränke anbietet und sehr beliebt ist bei den kleinen und großen Besucher*innen des **SCHAFBERGBADES** (1), auf dessen Eingang wir nun zusteuern. Das Familienbad im sehenswerten 1970er-Jahre-Betonkleid bietet die längste Rutsche Wiens, weitläufige Liegewiesen und einen atemberaubenden Ausblick auf die Stadt. Auch an den heißesten Stadtsommertagen lässt es sich hier gut aushalten: Immer weht ein leichtes Lüftchen, gekühlt vom nahen Wald.

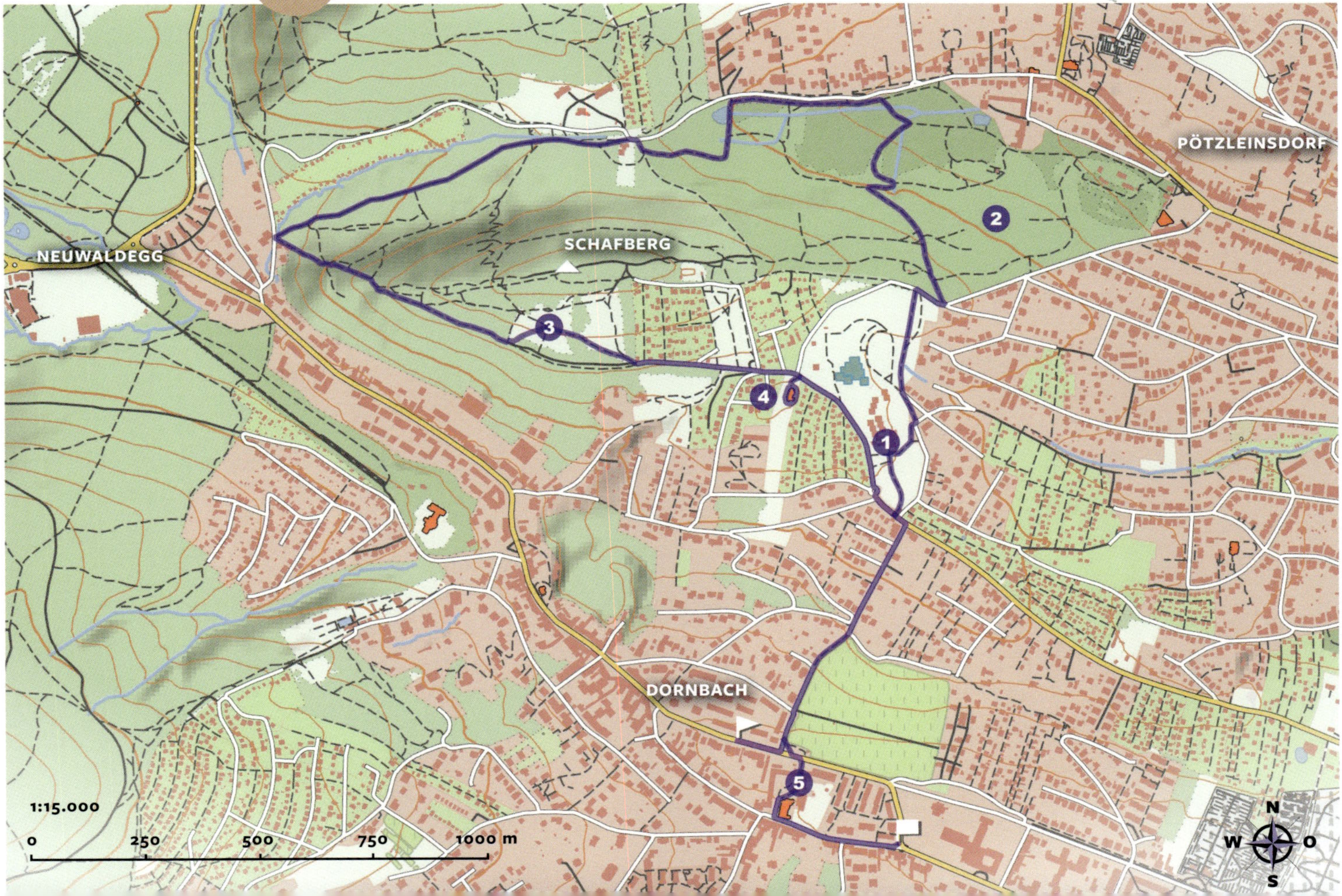
NEUWALDEGG
SCHAFBERG
PÖTZLEINSDORF
DORNBACH
1
2
3
4
5
1:15.000
0
250
500
750
1000 m
N
W
O
S

Am Weinberg des Gutes Stift St. Peter entlang geht's auf den Schafberg.

Wir halten uns am Badeingang rechts und marschieren den Zaun entlang. Auf den schmalen sonnigen Böschungen tummeln sich, sobald die Frühlingswärme lockt, bodenbrütende Wildbienen – ein summender Augen- und Ohrenschmaus. Bald gelangen wir zum Tichyweg, den wir weiter bergauf verfolgen. Nach wie vor begleitet uns linker Hand das weitläufige Badgelände samt Fuß- und Volleyballplatz. Sobald wir auf den Utopiaweg stoßen, gehen wir einige Meter nach rechts bis zum Eingang in den **PÖTZLEINSDORFER SCHLOSSPARK** **2**.

Beim sogenannten Schafbergtor informiert eine Tafel über die Öffnungszeiten, eine andere bittet darum, die Waldflächen zum Schutz der Rehe nicht zu betreten. Verständlich, denn auf dem mehr als 35 Hektar großen Gelände bringen die an den Anblick von Besucher*innen

gewöhnten Tiere auch ihre Jungen zur Welt. In sommerlichen Abendstunden kann man die Kitze manchmal sogar sehen. Wer lieber Brillenschafe und Zwergziegen besuchen möchte, kann das im parkeigenen Tiergehege tun – die Tiere sind besonders kinderlieb.

Gleich nach dem Tor bekommt man bereits eine Ahnung von der Weitläufigkeit des englischen Landschaftsgartens. Dichte Waldflächen, auf denen im Frühling der Bärlauch sprießt (was auch zu riechen ist), wechseln sich mit großen Futterwiesen ab. Wir gehen auf dem asphaltierten Weg in leichten Schikanen abwärts, begleitet von einigen Tafeln des „Währinger Frauenwegs", die uns das Wirken von Wegbereiterinnen und Protagonistinnen der Frauenbewegung in Wien näherbringen. Wer alle Tafeln studieren möchte, macht einfach ein paar Extra-Schritte.

Wer vom Bad aus auf die Stadt blickt, wird verzaubert sein

Hunde-Alternative
Hunde sind im Pötzleinsdorfer Schlosspark nicht erlaubt. Bis zum „Wirtshaus Steirerstöckl“ führt aber ein Weg außen am Zaun des Parks entlang. Das freut Vierbeiner und ihre Besitzer*innen.

Das „Wirtshaus Steirerstöckl"
– immer für eine Pause gut.

Wir queren den Park zwischen Wiesen, rechter Hand erblicken wir malerisch in der Landschaft verteilte Steinstatuen. Sie stammen vom ehemaligen Ringtheater, das 1881 einem Brand zum Opfer fiel. Das sogenannte „Singende Quartett" hat überlebt und hier eine neue Heimat gefunden. Beim Unterstand wenden wir uns nach links und gehen am Zaun entlang bequem, dann im leichten Anstieg vorbei an einem stets Entenbevölkerten Teich bis zum Punzettor am Ende des Parks, das wir auch durchschreiten.

Gleich danach wird's kulinarisch: Durch die Bäume blitzt linker Hand bereits das Dach des „Wirtshaus Steirerstöckl". Im 1917 als Schutzhaus für Wanderer errichteten Gebäude wartet man heute Steirisch-Saisonales auf. Im schönen Gastgarten oder in einer der gemütlichen Stuben lässt sich's nach wie vor gut einkehren. Wer gleich weitergehen will, lässt das Wirtshaus links liegen und orientiert sich an der roten Markierung am Ende des Parkplatzes. Ihr folgen wir einen hübschen Buchenwald-Weg abwärts Richtung Neuwaldegg bis zur Geroldgasse.

Und jetzt wird's sportlich: Wir machen nämlich quasi eine Spitzkehre und nehmen den blau markierten Pfad Richtung Schafberg aufwärts. Erst führt er an einem Grundstückszaun entlang, dann wird er breiter – aber auch richtig steil. Nach Regenfällen kann es hier, wie überall im Wienerwald, rutschig sein, vor allem in der Gegenrichtung ist etwas Vorsicht geboten. Das Gleiche gilt für den Winter, wenn es eisig ist.

Beim Aufstieg kommt der Kreislauf ordentlich in Schwung, was nach einem langen Bürotag so richtig guttut. Um uns von der Anstrengung abzulenken, halten wir unseren Blick einfach gesenkt – denn die Natur bietet Schönes: Schon früh im Jahr blühen hier z. B. die blauen Leberblümchen – eine Wohltat nach den langen, grauen Wintermonaten. Das steile Wegstück ist nicht sehr lang, die blaue Markierung führt uns nun eben Richtung Schafbergwiese. Mit ein bisschen Glück entdeckt man am Wegesrand im (Früh-)Sommer, etwa zwischen Mai und Juli, die gelbbraune Vogel-Nestwurz, eine Schmarotzerpflanze ohne Chlorophyll-Einlagerungen.

Am Fuß der **SCHAFBERGWIESE** **3** angekommen, kann man geradeaus bis zur Josef-Redl-Gasse gehen oder sich, die Wiese schräg aufwärts wandernd, noch einmal den schönen Ausblick auf das Schloss Wilhelminenberg gönnen. Ein kleiner Pfad führt über die Wiese wiederum schräg abwärts zum rot-weiß-roten Schranken am Ende der oben erwähnten Gasse. Ihr folgen wir und bewundern linker Hand noch einige alte Schrebergartenhäuser zwischen modernen Neubauten. Bald folgt links die Kreuzwiese, bei Schnee beliebter Rodelhügel, ganzjährig ebenso beliebte Hundetreffwiese. Die Vierbeiner haben hier auch eine Wasserstelle, unerlässlich in den heißen Wiener Sommermonaten.

Buggy-Alternative
Buggy-Pilot*innen werden mit dem blau markierten Anstieg auf den Schafberg keine Freude haben. Alternative Möglichkeit: Die Geroldgasse abwärts gehen, die Neuwaldegger Straße überqueren, dort nach rechts in den Wald und über die Schwarzenbergallee links zurück zum 43er spazieren.

„Liebe“ am Himmelmutterweg. Bitte Platz nehmen!

Am Fuße der Wiese befindet sich die Haltestelle des Busses 42A – wer also nach etwa 7.000 Schritten bereits genug hat, kann mit ihm den Weg vom Schafberg abwärts nehmen. Aber man versäumt etwas: Dort, wo der Utopiaweg in die Josef-Redl-Gasse mündet, der wir immer noch folgen, steht die **SCHAFBERGKIRCHE ST. THOMAS MORUS** (4). Ein paar wenige Stufen führen hinauf, die man unbedingt erklimmen sollte, denn an der Rückseite der Kirche steht eine Bank – ein schöner, ruhiger Rastplatz mit freiem Blick auf den Südwesten

Auf der Rückseite der Kirche wartet ein Bänkchen – und ein schöner Ausblick.

Wiens. Innehalten, ein paar tiefe Atemzüge nehmen und genießen – dafür ist dieser Ort wie gemacht.

Wenn wir uns sattgesehen haben, spazieren wir die Josef-Redl-Gasse weiter abwärts, das Schafbergbad leitet uns wieder, bis wir am Kreisverkehr die Czatoryskigasse erreichen und bald darauf, gegenüber dem bereits bekannten Kiosk, den Himmelmutterweg. Ihn nehmen wir nun abwärts.

Unten angekommen überqueren wir die Alszeile und spazieren durch einen Torbogen auf den Rupertusplatz, der von Gebäuden umrahmt wird – dem **GUT DES STIFTES ST. PETER** ❺.

Wenn „ausg'steckt is", lässt sich hier ein Gläschen genießen, wenn nicht, hilft der Flaschenweinverkauf. Kinder bevölkern den beliebten Spielplatz, wir lassen ihn rechts liegen und biegen nach der Kirche links in die Dornbacher Straße ein, die uns rot markiert und entlang einiger Häuser mit bezaubernden Veranden zurück zur gleichnamigen Straßenbahnhaltestelle der Linie 43 führt.

Top 5 auf dieser Route

01.
Schafbergbad
Das in seiner heutigen Form aus den 1970ern stammende städtische Bad existiert bereits seit vor dem Ersten Weltkrieg. Damals war es in Privatbesitz und gehörte zu einem Aussichtshotel. Die 102 Meter lange Wasserrutsche machte das Familienbad in einmaliger Lage im Jahr 2000 um eine Attraktion reicher.

02.
Pötzleinsdorfer Schlosspark
Gräfin Philippina von Herberstein, ab 1762 Besitzerin des Anwesens, legte den Grundstein für den Park. Die Umgestaltung zum englischen Landschaftsgarten erfolgte ab 1797. Der letzte Eigentümer, Max Schmidt, seines Zeichens ungarischer Möbelfabrikant, vermachte den wertvollen Besitz 1934 der Stadt Wien.

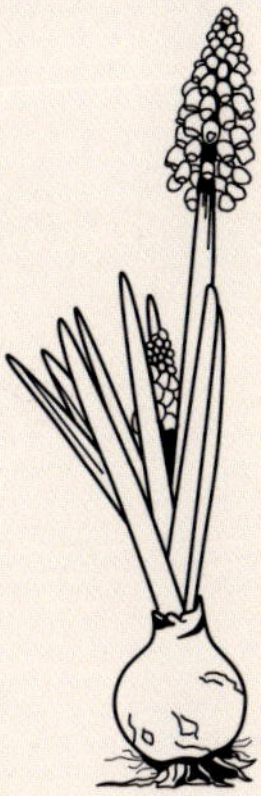

03.
Schafbergwiese
Die Wiese, 1366 erstmals urkundlich erwähnt und damals tatsächlich als Schafweide genutzt, ist heute ein beliebtes Ausflugsziel. Auf dem mit Sträuchern und einzelnen Obstbäumen besetzten Hang wachsen streng geschützte Pflanzen wie der Kurzgriffel-Schaftmilchstern, die Schopfige Traubenhyazinthe oder die Spinnen-Ragwurz.

04.
Schafbergkirche
In den 1930er-Jahren stand an dem Platz eine Baracke, die als provisorische Kinder-Lungenheilanstalt genutzt wurde, im katholischen Ständestaat wurden dort bereits Gottesdienste abgehalten. Die architektonisch an die 30er-Jahre erinnernde Kirche entstand 1950–70 nach Plänen des Architekten Franz Graf.

05.
Gut des Stiftes St. Peter
Der Gutshof gehört seit 1042 zum Salzburger Benediktinerstift St. Peter und bewirtschaftet neben der 8,3 Hektar großen, gänzlich nach Süden ausgerichteten „Ried Alsegg“ auch Wald, Wohnungen und eine Buschenschank, deren Öffnungszeiten auf einer Tafel angeschlagen sind. Es gibt auch einen Ab-Hof-Verkauf.

05

Von der Großfeld-siedlung zum Marchfeldkanal

Die Nördliche

05

Wohnen in den Sechzigern. Grenz-Gehen am Stadtrand. Schlendern am Kanal.

Charakter der Tour
Die durchwegs ebene Strecke führt von der Großfeldsiedlung über die Felder zum Marchfeldkanal, der sich zu einem naturnahen Freizeit- und Erholungsparadies gemausert hat.

VERKEHRSANBINDUNG:
Start: U1, Station Großfeldsiedlung
Ziel: Bim-Linien 30/31, Station Anton-Schall-Gasse

Können Sie sich an den österreichischen Kinoerfolg „Nordrand" aus dem Jahr 1999 erinnern? Freie Fläche, Wind, Schneegestöber, triste Wohnblocks aus den 1960ern und 70ern. Die Drehbuchautorin und Regisseurin Barbara Albert ist selbst nahe der Großfeldsiedlung aufgewachsen und auch die Protagonist*innen ihres Films leben und lieben in diesem Umfeld – am nördlichen Rand von Wien. Mittlerweile wird das Wiener „Grenzland" als Wohngegend zusehends beliebt.

Auf dieser Tour wandern wir – zumindest zu Beginn – auf Drehort-Spuren. Wir starten in der **GROSSFELDSIEDLUNG** (1), die über die U1 bequem und rasch zu erreichen ist. Wir wählen den Ausgang Dopschstraße, wenden uns nach rechts und tauchen über Pastorstraße und Else-Feldmann-Promenade in das Universum Großfeldsiedlung ein. Zu entdecken gibt es Kunst am Bau: Werke von insgesamt 54 Künstler*innen schmücken Gebäude und Gelände der größten Plattenbausiedlung Österreichs. Wir können nicht alle (be-)suchen, aber wir lassen uns ein bisschen treiben und stranden schließlich bei der Pfarrkirche Heiliges Kreuz des Architekten Hannes Lintl, ein 1970er-Jahre-Bau in Reinkultur. Ein Blick ins Innere lohnt sich: Der Zentralraum mit den massiven Betonpfeilern strahlt angenehme Ruhe aus.

Wir nehmen die Else-Feldmann-Promenade retour bis zur Rückseite des Einkaufszentrums, biegen links ab und umrunden den Komplex, bis wir zur

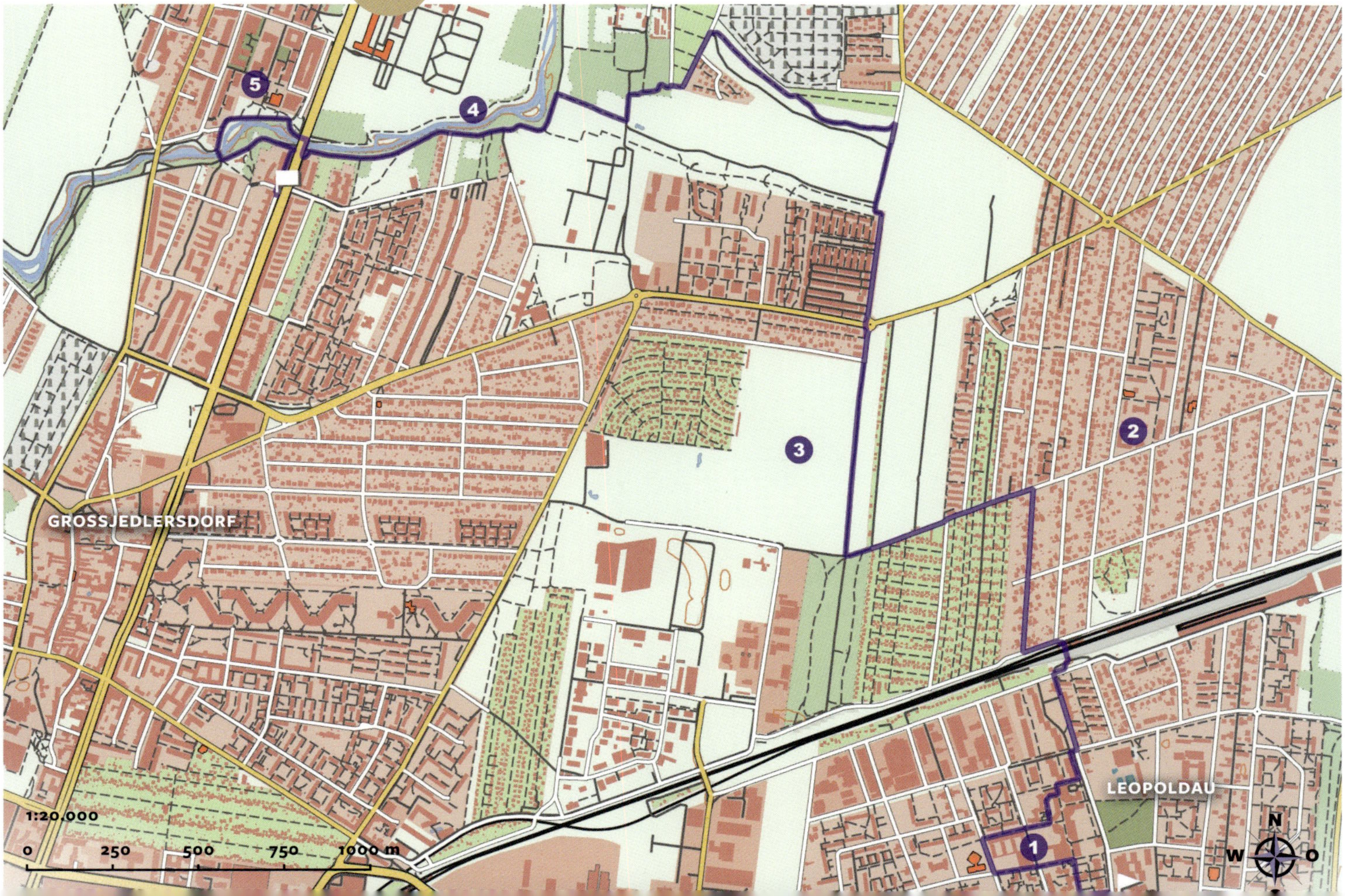

GROSSJEDLERSDORF
LEOPOLDAU
1
2
3
4
5
1:20.000
0
250
500
750
1000 m
N
W
O

Kürschnergasse gelangen. Auf ihr geht es links stadtauswärts, weiter auf einem Fußweg, der bis zur Schererstraße reicht. Dort tauchen wir unter der Bahn hindurch und stehen nun in der Thayagasse, der südlichen Begrenzung der **NORDRANDSIEDLUNG** **2**. Wir biegen links ab, wo der Eissalon Nori in der entsprechenden Saison mit einer kühlen Stärkung lockt: Es gibt immer wieder spannende Sorten wie Zitrone-Brennnessel, Weiß- und Schlehdorn. Oder doch lieber Honigmilch?

Mit dem Stanitzel in der Hand treten wird den Marsch in die Ebene an und biegen in die Trisannagasse ein, der wir bis zur Lavantgasse folgen. Manche alten Häuser geben sich noch als jene einfachen Ziegel-Holz-Bauten zu erkennen, welche die Siedler*innen in den 1930ern selbst errichtet haben. In der Lavantgasse geht's links, die Gemüseparzellen des Öko-Erntelands entlang, an deren Beeten sich auch die Krähen erfreuen.

„Kunst am Bau" wurde ab der Nachriegszeit in Wien großgeschrieben.

Gleich danach biegen wir rechts in den „Wald der jungen WienerInnen" ein, der aber noch gehörig wachsen muss, um ein solcher zu werden. Unter diesem

Titel geht eine jährliche Waldpflanz-Aktion der Stadt Wien über die Bühne, die als Familienevent gestaltet ist. Seit 1985 werden in waldarmen Gebieten am Nordost- und Südrand der Stadt Bäume und Büsche gepflanzt. Für Kinder gibt's ein besonderes Rahmenprogramm mit Umwelt- und Naturschwerpunkt.

Wir spazieren diesen (künftigen) Wald entlang und lassen unseren Blick über das freie Feld Richtung Gerasdorf schweifen. Weites Land und Wolkenspektakel! Inzwischen werden auch wir beobachtet: Die furchtlosen **KRÄHEN** ③ finden auf den Feldern und Wiesen immer etwas zu fressen und lassen sich von den Vierbeinern, die hier gern Gassi geführt werden, absolut nicht beeindrucken.

In jährlichen Waldpflanz-Aktionen wird Wien aufgeforstet – vor allem in den baumarmen Randgebieten.

Ein Blick über die Schulter zeigt die Silhouette des Gasturbinenkraftwerks Leopoldau, unter den Anrainer*innen nur kurz „Gaswerk" genannt, das in seiner heutigen Form seit den 1970ern Energie liefert. Es wurde auf dem Areal des historischen Gaswerks von 1911 errichtet, das die Stadt – neben dem Gaswerk Simmering – mit aus Kohle gewonnenem Gas versorgte. Einige der einst zum alten Gaswerk gehörenden historischen Bauten sind jetzt ins Bauprojekt Neu-Leopoldau integriert,

das vor allem Wohnraum für junge Menschen schaffen soll. Am Nordrand tut sich also etwas!

Wir marschieren geradeaus weiter, immer wieder vorbei an Windschutzgürteln, die vor Bodenerosion schützen und ein wertvolles Rückzugsgebiet für Kleinsäuger, Vögel und Insekten darstellen. Und auch ein Versteck für Fasane, deren krächzende Rufe immer wieder zu hören sind. Am Ende der Ebene überqueren wir die Gerasdorfer Straße und passieren der Draugasse entlang eine Siedlung. Die Gasse ist ordentlich zugeparkt, trotzdem halten Kirsch-, Nuss- und Apfelbäume hartnäckig die Stellung. Am Ende der Draugasse, gleich hinter dem Parkplatz, beginnt die „Gerasdorfer Stadtwildnis" – wir befinden uns auf historisch denkwürdigem Gebiet: Im Zweiten Weltkrieg stand auf dem Areal ein Rüstungsbetrieb, der Raketenbauteile herstellte. Zur Arbeit herangezogen wurden auch Häftlinge aus dem KZ Floridsdorf, einem Nebenlager des KZ Mauthausen. Gut, dass die Infotafel zu dem

2018 geschaffenen Natur- und Erholungsgebiet diesen Teil der Floridsdorfer Geschichte zumindest andeutet.

Die Tafel zeigt uns auch unsere Wegmöglichkeiten: Wir können entweder gleich links abbiegen und vorbei an einem Froschlaich-Gewässer direkt zum Marchfeldkanal wandern oder noch ein Stück geradeaus spazieren. Wir entscheiden uns für Letzteres und gehen weiter bis zu einem rot-weiß-roten Schranken. Der Weg führt uns links in ein Wäldchen, in dem es botanisch ein wenig wilder zugeht als zwischen den in Reih und Glied neu gepflanzten Bäumen bei der Hinweistafel: Flieder, Liguster, Schlehe, Kornelkirsche, Holunder, Traubenkirsche oder Heckenrose – irgendetwas blüht immer.

Rechter Hand begleitet uns der Zaun des Kleingartenvereins und anschließend der des Friedhofs Stammersdorf. Bei einer Bank, auf der wir uns ruhig zu einer kurzen Trinkpause niederlassen dürfen, biegen wir links ab in die Salvigasse. Sie mündet in einen schmalen Weg, auf ihm gelangen wir durch ein weiteres „wildes" Wäldchen bis zu einem gewaltigen Strommast. Dort geht es rechts weiter – schnurstracks zum **MARCHFELDKANAL** 4.

Der „Kanal" ist ein beliebtes Naherholungsgebiet, vor allem für die Bewohner*innen der Wohnbaukomplexe, die seit den 1990ern entlang der Brünner Straße entstanden sind: Es wird gejoggt, gespielt, geturnt, geradelt, gefischt und in der Sonne gesessen.

Wir wenden uns nach links und gehen gemütlich am Wasser entlang. Immer wieder sieht man am Steilufer schmale Rinnen, die durch das Uferdickicht nach unten zum Kanal führen. Hier „rutschen" Biber ins Wasser, die am Kanal eine Heimat gefunden haben. Wer abends unterwegs ist, kann – mit ein bisschen Glück – eines der Tiere beim Schwimmen beobachten.

Wir schreiten auf dem letzten Teil der Strecke noch einmal kräftig aus und verlassen den Marchfeldkanal an der Unterführung der Brünner Straße. Je nachdem, ob unsere Runde in der Großfeldsiedlung

Gasthaus „Frohes Schaffen"

Sollten Sie den Weg in die umgekehrte Richtung gehen, wartet in der Nordrandsiedlung, Thayagasse 5, schon das Schnitzel auf Sie. Nicht nur das Gasthaus heißt „Frohes Schaffen", es gibt auch den Frohes-Schaffen-Weg und eine Kleingartenanlage dieses Namens. Lassen Sie es sich schmecken – Sie haben Ihre 10.000 Schritte froh geschafft.

größer oder kleiner war, sind die 10.000 Schritte nun erreicht – oder noch nicht. Ein kleiner Schlenker darf in jedem Fall noch sein: Auf der Brünner Straße führt unser Weg nach rechts über die Brücke, um den Kanal zu überqueren, und unmittelbar danach wieder hinunter zur anderen Kanalseite. Wir spazieren an der **KIRCHE ST. CYRILL UND METHOD** **5** vorbei. Der etwas erhöht gelegene Bau ist der Stadterweiterung Richtung Norden zu verdanken und besser gelungen als so manches Wohnhaus rundherum. Bei der Kirche gibt es Spiel- und Sportgeräte – ein beliebter Treffpunkt. Wir überqueren die nächste Fußgänger- und Radfahrerbrücke, von der man einen schönen Blick auf die Kirche hat und auf die kleine Insel im Kanal, auf der manchmal ein Reiher steht. Nach der Brücke biegen wir links ab und gelangen – vorbei an den Graffiti-geschmückten Eisenbahnwaggons von „Bahnfrei!", einem Projekt zur mobilen Jugendarbeit, hinauf zur Brünner Straße. Der 30er oder der 31er bringt uns zur U6-Station Floridsdorf oder direkt in die Innenstadt. Nicht so übel, der Nordrand, oder?

So mancher Kirchenbau verdankt seine Existenz der rasanten Stadterweiterung.

Top 5 auf dieser Route

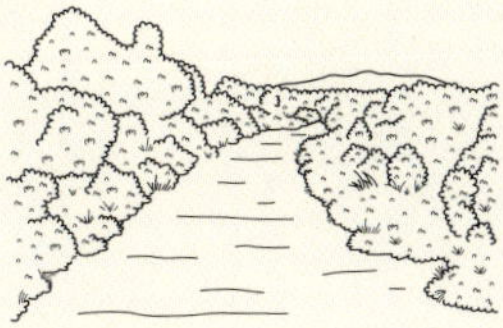

01. Großfeldsiedlung

Zwischen 1966 und 1971 wurde auf dem Gelände der „Erwerbslosensiedlung Leopoldau“ die Großfeldsiedlung errichtet. Verwinkelte Wohnblöcke und Wohntürme in Fertigteilbauweise prägen die „Stadt in der Stadt“. Das gliedernde Farbkonzept der einzelnen Bauteile existiert seit der Renovierung.

02. Nordrandsiedlung

Das Projekt wurde im „Roten Wien“ begonnen und im „Schwarzen Wien“ 1936 fertiggestellt: Als Gegenleistung für je 2.000 Stunden erhielten Arbeitslose Parzellen, die gemeinsam zu bebauen waren. Die Nicht-Erbringung der Arbeitsleistung wurde mit Entzug der Berechtigung für den Wohnraum geahndet.

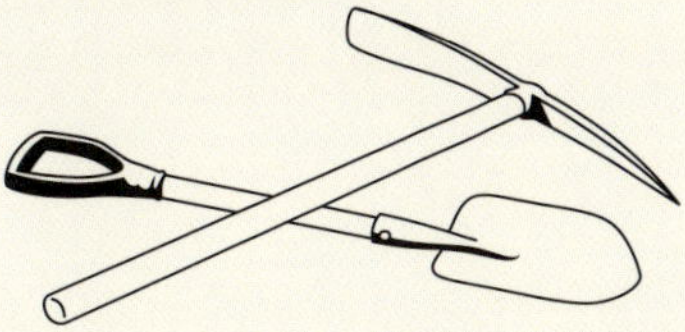

03. Krähen in Wien

Wien wird von den Saatkrähen bevölkert, schwarz mit grauem Schnabelgrund, und von den Aaskrähen, die als Rabenkrähen in elegantem Vollschwarz und als grau-schwarze Nebelkrähen auftreten. Vor allem im Winter ziehen sie in Schwärmen und unter großem Gekrächze zu ihren Schlafbäumen.

04. Marchfeldkanal

Der insgesamt 18 Kilometer lange Kanal ist Teil eines Bewässerungssystems, welches das landwirtschaftlich intensiv genutzte Marchfeld mit kostbarem Nass versorgt. Das Wasser wird der Donau bei Langenzersdorf entnommen und bei Deutsch Wagram in den Rußbach geleitet.

05. Pfarrkirche St. Cyrill und Method

Der Kirchenbau mit dem markanten Tonnengewölbe und dem freistehenden Turm stammt vom Wiener Architekten Otto Häuselmayer und wurde 1995 fertiggestellt. Das Besondere: Die großzügigen Glasfenster im oberen Bereich der Kirche lassen den Eindruck entstehen, als hinge ein Stück gerahmter Himmel über dem Altar.

06

Vom Wasser- über den Donaupark nach Kaisermühlen

Die Nostalgische

06

Reiher auf der Insel. Vintage im Park. Freiheit am Wasser.

Charakter der Tour
Immer am Wasser entlang geht es bei dieser flach angelegten Tour, die sich im Sommer auch als nostalgischer After-Work-Spaziergang mit gastronomischen Zwischenstopps und Bademöglichkeiten anbietet.

VERKEHRSANBINDUNG:
Start: U6, Station Neue Donau
Ziel: U1, Station Kaisermühlen-VIC

Diese Tour hat Retro-Charme – versprochen! Zugegeben, ihr Beginn ist nicht rasend romantisch, wir verlassen die U6-Station Neue Donau nämlich über den Ausgang Strandbäder, nehmen einige Stufen abwärts und tauchen „Am Nordbahndamm" links unter den Schienen hindurch.

Eine kurze Strecke geht es geradeaus zwischen Donauuferautobahn und dem „Sportzentrum Wasserpark". Über einen breiten asphaltierten Weg zweigen wir nach rechts ab und steuern schnurstracks auf die erste Attraktion unserer Tour zu: die **REIHERKOLONIE** **1** im Wasserpark.

Auf einer Insel in der südlicheren der beiden großen Wasserflächen fühlen sich die imposanten Vögel besonders wohl. Tagsüber teilen sie sich die malerisch aus dem Wasser ragenden Äste mit sonnenhungrigen, leider meist ausgesetzten Schildkröten, auch Kormorane schauen hin und wieder vorbei. Und das Ganze vor der Kulisse des alles überragenden Florido-Tower.

Der Wasserpark ist eine Oase der Ruhe: Auf 142.000 Quadratmetern des ehemaligen Sumpfgebiets, das durch die Donauregulierung entstanden ist, errichtete Stadtgartendirektor Fritz Kratochwjle in den Jahren 1928/29 einen attraktiven Park. Er sollte – ganz im Sinne des „Roten Wien" – „der Ruhe und Erholung dienen, aber auch zur freien körperlichen Betätigung in Spiel und Sport Gelegenheit bieten".

DONAUFELD
DONAUINSEL
DONAUPARK
1
2
3
4
5
1:20.000
0
250
500
750
1000 m
N
W
O
S

Der Wasserpark existiert seit dem Ende der 1920er – und ist eine Grünoase erster Güte.

Spiel und Sport wird im Wasserpark heute noch großgeschrieben: Es gibt einen Aktivparcours mit Fitnessgeräten und einen tollen schattigen Spielplatz, vor dem den Reihern ein Denkmal gesetzt ist.

All das ist im nördlichen Teil des Parks zu finden (drehen Sie ruhig eine Runde). Wir wenden uns nach links und umrunden die Reiherkolonie über das „Westufer" des Teichs. Bei der ersten sich bietenden Gelegenheit geht's rechts über eine der malerischen Brücken. Ihre auffallende Form verdanken diese den Booten, auf denen früher durch den Park gerudert wurde: Die Brücken wurden mit einer Steigung von mindestens 20 Prozent gebaut, damit die Boote durchpassten.

„Venedig en miniature" nannte man den Wasserpark zu seiner Entstehungszeit – und ein bisschen erinnern Brücken und „Kanäle“ ja tatsächlich an die Lagunenstadt.

Am Ufer gegenüber verläuft ein begehbarer Damm. Er ist Teil einer 2016 errichteten Bodenfilteranlage, über die Wasser aus der Neuen in die Alte Donau geleitet wird, um deren Grundwasserstand auszugleichen. Im Uferbewuchs verstecken sich im Sommer frisch geschlüpfte Teichhühner, deren Eltern allzu neugierige Beobachter*innen durchaus vehement vertreiben.
Hunde dürfen den Damm übrigens nicht betreten – sie haben im Rest des Parks ausreichend Platz.

Über eine Links-rechts-Schikane, die wiederum über eine Brücke führt, verlassen wir den Wasserpark. Wir tauchen unter der U6 hindurch, halten uns links und spazieren entlang der U6-Route zur Straße mit dem schönen Namen „An der oberen Alten Donau“. Verhungern muss in diesem Grätzl niemand: Dicht an dicht reihen sich Einkehr-Möglichkeiten: der „Neuer“, die „Crêperie“ und in der riesigen Gemeindebau-Anlage des Paul-Speiser-Hofs, errichtet zwischen 1929 und 1932, das „Wirtshaus am Wasserpark“.

Wir wenden uns „An der oberen Alten Donau“ nach rechts und schlendern – zumindest in Feierabend-, wenn nicht in Urlaubsstimmung – bis zum Gasthaus Birner. Ein vertrauenswürdig erscheinender älterer Herr vor dem Lokal empfiehlt uns die Kalbsleber, die unbedingt auf der langgezogenen getreppten Uferterrasse einzunehmen sei. Das werden wir uns merken!

Vorbei am „Eisstandl“ überqueren wir den Birnersteg, der bis zum Eingang des **ANGELIBADS** 2 führt. Gleich gegenüber gelangen wir durch ein kleines Gittertor auf die sogenannte Romawiese, einen der vielen Gratis-Badeplätze Wiens. Wir wandern (mit unseren Vierbeinern übrigens hinter dem Gelände) über die Wiese, die Alte Donau immer linker Hand. An ihrem Ende passieren wir eine Engstelle, weiter geht’s geradeaus zwischen Ufer und einer Kleingartensiedlung, bis

Fledermäuse am Birnersteg
Wer in der warmen Jahreszeit bei hereinbrechender Dämmerung am Birnersteg unterwegs ist, kann jede Menge Fledermäuse beobachten. In Österreich gibt es 28 Fledermausarten, 22 davon leben auch in Wien.

wir am Jenischenweg nach rechts abbiegen müssen, weil uns der Zaun des Straßenbahnerbads den Weg versperrt.

Romaplatz, Lovaraweg, Sintiweg, Jenischenweg – die nach Volksgruppen benannten Flächen erinnern daran, dass ab den 1920ern Roma und Romnija in der Gegend siedelten (am Mühlschüttel und am Bruckhaufen, auch am Ringelseeplatz in Floridsdorf) oder Stellplätze hatten. Vor allem die Lovara, die ursprünglich aus Rumänien kamen und meist Pferdehändler waren (ungarisch ló = Pferd), fanden hier Platz für ihre Ställe. Von den wenigen, die der Ermordung durch die Nationalsozialisten entgangen waren (wie nur 20 Prozent der österreichischen Roma), kamen einige wieder. Dass der Steg, der hier herüberführt, nach dem Gasthaus Birner benannt wurde, kommt nicht von ungefähr. Der „Birner" war beliebter Treffpunkt und Festort der Roma und Romnija – und auch der „Einheimischen".

Gratisbaden an der Alten Donau – Wien macht's möglich, wie hier auf der „Romawiese".

Über den Sintiweg geht es verschlungen und romantisch weiter, bis wir durch ein Eisentor auf die Arbeiterstrandbadstraße gelangen. Wir queren sie und nehmen die Wildbadgasse, erkennbar an einer Steinskulptur an der Ecke, geradeaus bis zur Walkergasse, die uns links bis zur Donauturmstraße und damit zum Eingang in den Donaupark führt. Den Donaupark als „Park" zu bezeichnen, ist zu kurz gegriffen. Er ist eigentlich ein „Gelände", das für die WIG 64, die Wiener Internationale

Die Rosen im Donaupark atmen immer noch das Flair der 1960er – und sind zeitlos schön.

Gartenschau 1964, gestaltet wurde. Man erledigte damals mehrere Fliegen auf einen Schlag: Das riesige Überschwemmungsgebiet konnte saniert, die dort existierende Mülldeponie zum Verschwinden gebracht und eine nach dem Ersten Weltkrieg entstandene „wilde“ Siedlung, das sogenannte „Brettldorf“, geräumt werden. Auch hier hatten sich übrigens einige Sinti-Familien niedergelassen. Jedenfalls konnte ein derartiges Projekt das Nachkriegs-Selbstbewusstsein

Tipps

Gehen für alle

Was genau passiert beim Gehen?
Gehen ist ein komplexer dynamischer Vorgang, bei dem – im Wechsel von Anspannung und Entspannung – all unsere Gelenke vom Kopf bis zu den Füßen aktiv bewegt bzw. stabilisiert werden. Die Muskeln massieren bei ihrer Arbeit unsere Blut- und Lymphgefäße und unser Herz-Kreislauf-System kommt in Schwung. Unser Gleichgewichtssinn und unsere Körperwahrnehmung reagieren auf äußere Einflüsse wie Bodenunebenheiten und werden trainiert.

Welchen Benefit bringt das Gehen meinem Körper?
Gehen ist eine symmetrische und dynamische Bewegung in aufrechter Position – der perfekte Ausgleich zu unseren oft einseitigen und gebeugten Alltags- und Arbeitshaltungen. Druck- und Zugreize wechseln einander ab, die Gelenke werden vorwiegend in gestreckten Positionen moderat durchbewegt. Dies schmiert die Gelenke, durchblutet alle beteiligten Strukturen wie Sehnen, Bänder und Knorpel, hält sie beweglich und macht sie belastbarer. Im Rumpf kommt es zu kleinen Drehbewegungen, die unsere Bandscheiben sanft massieren und die verkrampfte Rumpfmuskulatur lockern. Beides entlastet unsere Wirbelsäule. Gehen trainiert somit den gesamten Stützapparat.

Gehen ist also Training und Therapie?
In meiner Physiotherapiepraxis ist „zu gehen" eine der wichtigsten Anforderungen und oft ein Ziel meiner Patienten. Jeder, der eine Verletzung hatte, weiß, wie schwierig es ist, wieder gehen zu lernen. Diejenigen, die immer in Bewegung waren, kommen erfahrungsgemäß viel schneller wieder auf die Beine. Insofern ist Gehen ein großartiges, einfaches und prophylaktisches Training mit wenig Aufwand!

Wie soll man Gehen am besten trainieren?
Will ich meinen Fokus auf das Herz-Kreislauf-System legen, erhöhe ich das Gangtempo, vergrößere mein Armpendel oder gehe bergauf. Möchte ich meinen Alltagshaltungen entgegenwirken, achte ich auf einen aufrechten Gang mit erhobenem Haupt, schiebe mein Brustbein nach vorne und lenke meinen Blick weit nach vorne. Möchte ich meine Beweglichkeit fördern, variiere ich meine Schrittlänge und -breite, drehe die Füße einwärts, beziehungsweise auswärts, gehe seit- und rückwärts, spiele mit meinem Armpendel bis hin zum Armkreisen. Um Gleichgewicht und Körperwahrnehmung zu schulen, suche ich verschiedene Bodenbeschaffenheiten, balanciere zwischendurch mal über Baumstämme oder Gehsteige und schließe beim Gehen auch kurz mal die Augen. Aber bitte mit Vorsicht!

INGRID KARGL,
Dipl. Physiotherapeutin
www.physio2fit.at

ordentlich stärken und so wurde nach kürzester Planungszeit pünktlich am 16. April 1964 eröffnet.

Wir betreten den Park über den Fußweg parallel zum Mispelweg und gehen direkt zum **DONAUTURM 3**. Ein Werbeträger war er schon immer, nur preist er statt Bier (und eine Bank) wie zur Zeit seiner Errichtung jetzt einen Glücksspielkonzern (und eine Bank) an. Vergnügen sieht heute eben anders aus als 1964.

Nach wie vor den Charme der 1960er versprühen dafür die Blumenrabatte samt Skulpturen und die Büsten der lateinamerikanischen Revolutionäre rund um den Lateinamerika-Karibik-Platz, den wir nun überqueren. Um eine Idee von der Weitläufigkeit der Anlage zu bekommen, spazieren wir nach Simón Bolívar rechter Hand über die Kleinbahn-Gleise und quer über die sogenannte Papstwiese mit zugehörigem Kreuz.

Dieses steht hier seit 1983, als der Papst bei seinem Besuch in Wien vor 350.000 Gläubigen eine Messe feierte. Wir steuern die moderne Skyline der Donauplatte an und wandeln durch den sehenswerten Heidegarten und auf der Brücke über den Irissee zum „Kaffeehaushügel". Längst muss man sich den Kaffee selbst mitbringen, aber die Bodenmosaike und das Wandbild des österreichischen Künstlers Leherb lassen

Lesegarten

Für Retro-Süchtige: Am westlichen Ende der Papstwiese gelangt man auf Original-Plattenwegen auf einen Hügel, der von den Gartenbau-Ausstellungsmachern als „Lesegarten" vorgesehen war. Erfrischung bot damals eine Milchbar auf dem benachbarten „Gupf". Heute lockt eher die Skateranlage in diese Ecke des Parks.

uns zumindest wissen, wo in den 60ern die Tassen klirrten.

An den kaskadenartigen Wasserbecken geht es rechts hinunter zum Rosengarten und zum zauberhaft eleganten **KOREA KULTURHAUS ÖSTERREICH** ❹. Das zu WIG-Zeiten beliebte Seerestaurant sollte unbedingt für eine Rast genutzt werden.

Gestärkt wandern wir vorbei am traditionsreichen Chinarestaurant Sichuan, um dort rechts in die Arbeiterstrandbadstraße einzubiegen. Ihr folgen wir bis zur Wagramer Straße, wir überqueren diese und weiter geht's auf dem „Fischerstrand", vorbei am Restaurant „Zur Alten Kaisermühle" bis zu einer Brücke, die rechter Hand den Beginn des Kaiserwassers markiert. Gleich danach wählen wir den rechten (nicht asphaltierten) Weg und spazieren immer am Wasser entlang auf einem Pfad bis zur nächsten Brücke, unter der überdimensionale karpfenartige Fische hin- und herschwimmen.

Schiffmühlen
Bis zu 39 Schiffmühlen lagen bis zur Donauregulierung 1875 im Kaiserwasser, damals ein Hauptarm der Donau. Sie hielten auch den häufigen Hochwasserereignissen stand und waren ein einträgliches Geschäft für die Müller.

Auch wir könnten uns durchaus ein Bad gönnen, denn am Kaiserwasser dürfen alle ins kühle Nass, Zwei- und Vierbeiner – und das vor der imposanten Kulisse der **UNO-CITY** 5. Heute bleiben wir trocken und kommen über den Weissauweg zum Ende unserer Tour. Er führt uns entlang der geschwungenen Fassade des Goethehofs unter der Wagramer Straße hindurch zur U1-Station Kaisermühlen-VIC.

Top 5 auf dieser Route

01. Reiherkolonie

Über 20 Graureiher-Paare brüten jedes Jahr auf der Insel des ehemaligen Donau-Altarms. Im Frühjahr, wenn die Bäume noch kahl sind, sieht man sie an ihren Nestern bauen, später kann man sie beim Füttern der Jungvögel beobachten: Wiener Wildnis, ganz leicht zugänglich.

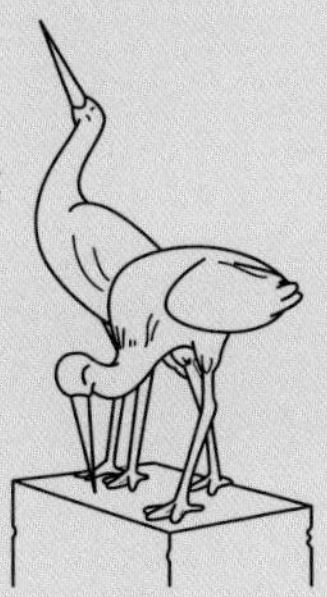

02. Angelibad

Das städtische Sommerbad der Alten Donau existiert seit 1888 und trug damals den Namen „Birner'sches Vier-Kreuzer-Bad". Neben dem 500 Meter langen Strand bietet es diverse Sportmöglichkeiten, Spielgeräte, ein Kleinkinderbecken und eine „Gatschzone". Pack' die Badehose ein!

03. Donauturm

In nur 20 Monaten Bauzeit wurde das nach wie vor höchste Bauwerk Österreichs (252 Meter) zwischen 1962 und 1964 errichtet. Wer in einem der beiden Dreh-Restaurants essen und trotzdem Kalorien sparen will, nimmt statt des Lifts die 776 Treppenstufen. Sehr flotte Läufer*innen schaffen es in dreieinhalb Minuten!

04. Korea Kulturhaus Österreich

Das ehemalige Seerestaurant der WIG 64 stammt vom Architekten Kurt Schlauss. Als Beispiel für die Freizeitarchitektur der Nachkriegszeit steht es unter Denkmalschutz. Seit 2012 beherbergt es das Korea Kulturhaus Österreich, das sich dem Austausch zwischen Südkorea und Österreich verschrieben hat.

05. UNO-City

New York, Genf, Nairobi, Wien – das sind nicht die Standortorte einer Haute-Couture-Kette, sondern die vier Hauptsitze der Vereinten Nationen. Die markanten Y-förmigen Gebäude der österreichischen Niederlassung wurden zwischen 1972 und 1979 vom Architekten Johann Staber errichtet.

07

Rund um das Mühlwasser

Die Entschleunigende

07

Plätschern im Ohr. Wasservögel im Blick. Ruhe im Herzen.

Charakter der Tour
Immer gemütlich am Wasser entlang, so lautet das Motto dieser Tour, die auch einen Sprung ins kühle Nass erlaubt – dem Menschen und dem Hund.

NATUR
STADT
KINDER
BUGGY
HUNDE

VERKEHRSANBINDUNG:
Start: U2, Station Stadlau
Ziel: U2, Station Donauspital

„Komm lass dich pflücken, du Rose aus ...“ Stadlau natürlich! Den **WOLFGANG-AMBROS-HIT** (1) im Ohr verlassen wir die gleichnamige U2-Station über den Ausgang Kaisermühlenstraße. Von dort geht's rechts entlang der Bahngleise bis knapp vor die Unterführung. Wir überqueren die Kaisermühlenstraße auf dem Zebrastreifen und schlagen den Weg in die „Gstett'n“ ein – immer noch der Bahn entlang.

Er führt uns in einer leichten Linkskurve an einem Hundeabrichteplatz vorbei, auf dem, wenn nicht trainiert wird, ab März zwei Rasenmähroboter über das Gelände kriechen. Den Mühlgrundweg lassen wir links liegen, bereits nach einigen Metern geradeaus stehen wir am **MÜHLWASSER** (2), genauer gesagt am Unteren Mühlwasser. Was für eine Oase an einem der meistfrequentierten Verkehrsknotenpunkte Wiens! Rechter Hand verfinstern nämlich die Straßenschlingen des Knotens Kaisermühlen den Himmel. „Unten durch“ gelangt man zur U2-Station Donaustadtbrücke und weiter an die Alte Donau. Auch ein schöner Weg.

Wir wenden uns aber nach links und nehmen den Pfad am schilfgesäumten Ufer. Ihren Vierbeiner dürfen Sie hier noch nicht ins Wasser lassen, wie uns ein Schild ermahnt, aber dazu ist später noch viel Gelegenheit.

Eine Brücke führt uns auf die andere, die südliche Seite des Mühlwassers, dann geht es immer nah am Wasser entlang. Spätestens hier nimmt uns die

STADLAU
ASPERN
1
2
3
4
5
1:20.000
0
250
500
750
1000 m
N
W
O
S

Mühlwasser-Atmosphäre gefangen: riesige Weiden und Pappeln, viel Schilf, immer wieder ein Wasserzugang. Völlig unbeeindruckt von Radler*innen, spielenden Kindern, (Sonnen-)Badenden und Gassi-geführten Hunden warten Fischer geduldig darauf, dass „einer anbeißt". An diesem Ort scheinen viele Interessen unter einen Hut zu passen – die entspannte Atmosphäre wirkt sich auch auf unsere 10.000 Schritte aus. Automatisch verlangsamen wir unser Tempo, unsere Sinne öffnen sich: Wir riechen das Wasser, hören Kinderlachen, das Rascheln des Schilfs, das leichte Plätschern der sich kräuselnden Wellen – und sind angekommen.

Kontemplation am Mühlwasser – die Fischer machen's vor.

Wir queren die Kanalstraße. Ein kleiner Tipp: Werfen Sie in der Mitte der Brücke einen Blick „stadteinwärts" – den DC-Tower aus dieser Perspektive muss man gesehen haben!

Am anderen Mühlwasser-Ufer verbreiten die strohgedeckten Schirme des **STRANDBADS STADLAU** **3** Urlaubsatmosphäre. Einen Aperitif im „Stranddomizil" sollten Sie unbedingt einmal einplanen – hier gibt es Kir Royal! Für einen Cocktail ist es heute aber noch zu früh, also bleiben wir auf „unserer" Seite des Mühlwassers. Wieder laden Bänke zum Verweilen ein – tun Sie's und geben Sie sich dem Naturschauspiel hin: Schilfteppiche, flache Ufer, Teichhühner, Schwäne, Enten, Libellen im Schwebeflug über der Wasseroberfläche. Unter Wasser tummeln sich Karpfen, Hecht, Schleie, Wels, Zander, Brachse, Aal, Barsch, Rotauge, Rotfeder und Schied, so lehrt uns die Website fischundwasser.at, die vom Verband der Österreichischen-Arbeiter-Fischerei-Vereine betrieben

wird. Wir reißen uns vom Anblick des Blesshuhns los, das unermüdlich gegen den Strom paddelt, und setzen unseren Weg ums Wasser fort. Ein Kinderspielplatz lädt zum Klettern ein, am Wasser zu spielen ist aber noch viel schöner.

Auch die nächste Brücke, nur zu Fuß oder per Rad zu überqueren, lassen wir links liegen und schlendern weiter geradeaus. Wir stoßen auf die Straße namens Schilfweg, die immer parallel zum Ufer verläuft. Von dort stechen wir wieder zum Wasser hinunter, das Leuchten weißberindeter Birkenstämme am anderen Ufer ist bezaubernd.

Wir erklimmen nun die Böschung zum Binsenweg, überqueren diesen und gehen einige Schritte den bereits erwähnten Schilfweg entlang, aber, sobald sich ein Pfad auftut (da gibt es mehrere), wieder hinunter ans Wasser. Auch hier stehen vereinzelte Birken am Ufer. Ein Hubschrauber fliegt über uns ins nahe Donauspital, ansonsten wiederum: Schilfrauschen, Froschgequake und Kinderlachen. Akustische Repetitive der angenehmen Art.

Pegelmessstellen geben Auskunft über den Wasserstand und – falls mit einem „Datensammler" ausgestattet – auch über die Temperatur.

Am Ende dieses badefreundlichen Abschnitts versperrt uns Dickicht den Weg – die folgende Uferstrecke ist Privatgrund. Deshalb nehmen wir den Pfad rechts zum Schilfweg. Im Frühling blüht an dieser Stelle der strauchartige Schlehdorn in duftigem Weiß und vom Boden her betören Veilchenpolster Augen und Nase.

Wir folgen der schmalen Straße, auf der sich leider nicht immer alle Auto-Pilot*innen an die Geschwindigkeitsbeschränkung halten, bis zum Biberhaufenweg. Zwischen den Siedlungshäusern geben die Felder rechter Hand den Blick auf das **KRAFTWERK DONAUSTADT** **4** frei.

Wussten Sie, dass hier einmal ein Atomkraftwerk in Planung war?

Am stark befahrenen Biberhaufenweg haben wir unseren Wendepunkt erreicht. Wir überqueren das Mühlwasser, um an dessen nördlicher Seite wieder völlig „autofrei“ retour zu spazieren.

Nun beginnt die Parade der Baum-Methusalems: Vor allem Schwarzpappeln und Silberweiden prägen die Flora am Ufer. Die Pappeln mit ihren mächtigen unregelmäßigen Kronen, an denen oft Misteln parasitieren, sind beeindruckende Erscheinungen. Die Weiden gelten als beliebtes Biber-Futter: Charakteristisch sind die sanduhrförmig angenagten Bäume, die irgendwann ganz zu Fall kommen. So gelangen die Tiere an die frischen Zweige und Blätter. Manchmal findet man Plätze mit entrindeten dünnen Ästen – hier wurde getafelt!

Die Mühlwasserpromenade trägt ihren Namen zu Recht: Man sieht und wird auch gesehen – beim Sonnenbaden, Spazieren, Tratschen auf den zahlreichen Bänken. Später ist die Promenade etwas breiter und asphaltiert. Wir unterqueren eine mächtige Hochspannungsleitung, gleich danach bieten sich zwei parallel verlaufende Weg-Möglichkeiten: weiter auf der asphaltierten Promenade (für Buggypilot*innen ratsam) oder links hinunter zum Wasser, den sehr schmalen Pfad entlang – was ein bisschen abenteuerlich ist, fallweise nasse Füße bringt, aber mit

Vogelgezwitscher belohnt wird. Manchmal sitzen hier Kormorane auf exponierten Ästen und trocknen ihre aufgespannten Flügel in der Sonne.

Ein paar Schritte weiter hängen einige Futterhäuschen im Geäst, mit etwas Geduld kann man Meise & Co beim Schnabulieren beobachten. Vor allem im Winter ein herzerwärmender Anblick. Dann wird hier übrigens auch eisgelaufen. Falls die Temperaturen stimmen, sollten Sie sich das nicht entgehen lassen.

Der Pfad führt aus dem Unterholz heraus und vereinigt sich mit dem breiteren Weg. Wir marschieren weiter geradeaus, bis linker Hand ein Steg auftaucht und rechts ein Pferdestall.

Schweren Herzens verlassen wir das Mühlwasser nun über den Lobelienweg und dessen Verlängerung, die

Tamariskengasse, der wir bis zur Wulzendorfstraße folgen. Dort angekommen schlagen wir einen Haken nach rechts und biegen nach einigen Metern links in den Stacherweg ein. Zwischen der **KLINIK DONAUSTADT** 5 und dem beeindruckenden Wohnprojekt „Kapellenhof", das von den Architekturbüros AllesWirdGut und feld72 errichtet wurde, steuern wir unseren Tour-Endpunkt an – die U2-Station Donauspital.

Mit 10.000 Schritten in den Beinen und Bildern vom glitzernden Wasser im Kopf treten wir die Heimfahrt an.

Bio-Lebensmittel aus Transdanubien

Wer im 22. Bezirk unterwegs ist, kann sich auch gleich mit frischem Obst und Gemüse eindecken, aber auch mit Getränken, Milchprodukten und vielem mehr. Natürlich alles in Bio-Qualität! Auf abhofladen.at finden Sie z. B. eine Auflistung verschiedener Produzenten.

Top 5 auf dieser Route

01.
„Die Blume aus dem Gemeindebau“

„Komm, lass dich pflücken, du Rose aus Stadlau“, lautet eine Zeile aus dem Wolfgang-Ambros-Hit aus dem Jahr 1977. Ab den 1960ern wurden am Stadtrand von Wien große Gemeindebauten errichtet. In diesen Plattenbauten waren viele Frauen tagsüber allein. Die „Blume aus dem Gemeindebau“ ist eine von ihnen.

02.
Mühlwasser

Das Mühlwasser ist ein Donau-Altarm, der seit 1875 keine Verbindung mehr zum Fluss hat, und teilt sich in Oberes und Unteres Mühlwasser. Das Untere Mühlwasser ist einer der zahlreichen beliebten Naturbadeplätze Wiens, das Obere Mühlwasser wurde in seiner Gesamtheit zum Naturdenkmal erklärt.

03.
Strandbad Stadlau

Baden im Mühlwasser hat Tradition, denn ein Strandbad gibt es dort seit 1911. In seiner heutigen Form punktet das Naturbad vor allem durch extrem lange Öffnungszeiten. Hitzegeplagte Werktätige können dort bis 23 Uhr schwimmen, im „Stranddomizil“ essen oder ein After-Work-Bier genießen.

04.
Kraftwerk Donaustadt

Einer der drei Kraftwerksblöcke der als kalorisches Kraftwerk errichteten Anlage war zur Erzeugung von Atomenergie vorgesehen, mit dem „Nein“ zu Zwentendorf bei der Volksabstimmung 1978 aber ebenfalls Geschichte. Heute versorgt Block 3 als Gas-und-Dampf-Kombikraftwerk 385.000 Haushalte mit Strom und 73.000 mit Fernwärme.

05.
Klinik Donaustadt

Bis 2020 war das nach dem AKH zweitgrößte Krankenhaus Wiens als „SMZ Ost“ oder schlicht „Donauspital“ bekannt. Die Grundsteinlegung erfolgte 1975. Die Anlage wurde in verschiedenen Ausbaustufen bis 1996 fertiggestellt. Das Krankenhaus hat 933 Betten und seit 2010 eine eigene U-Bahn-Station.

08

Von Nussdorf über den Leopoldsberg und steil hinunter ins Kahlenbergerdorf

Die Klassische

08

Sanfter Wein. Schattiger Steig. Aussichtsreicher Abstieg.

Charakter der Tour
Wein, Wald und Wadeln – unter diesen drei Begriffen kann man die Tour zusammenfassen. Gute Schuhe sind empfehlenswert, wer mag, nimmt für den stufenweisen Abstieg Wanderstöcke mit.

NATUR

STADT

KINDER

BUGGY

HUNDE

VERKEHRSANBINDUNG:
Start: Bim-Linie D, Endstation Nussdorf/Beethovengang
Ziel: Bus-Linie 400, Station Kahlenbergerdorf

Fast alle kennen den Nasenweg auf den Leopoldsberg. Wer wie oft wie schnell hinauflaufen kann – das ist mittlerweile zur Challenge geworden. Schnell sein bringt auf unserer Tour aber gar nichts: Gleichmäßiges Bergauf- und Bergabsteigen im eigenen Tempo ist kreislaufschonender und erlaubt es, die Aufmerksamkeit auch auf das zu lenken, was sich am Wegesrand tut. Außerdem drehen wir die Sache um: Die „Nase" wird uns als Abstieg dienen.

An der Endstelle der Linie D nehmen wir die Bockkellerstraße aufwärts und biegen an der Nussberggasse rechts ein (am Ende der Gasse hat sich die marokkanische Botschaft ein nettes Plätzchen gesucht). Gleich danach geht es links in die Eichelhofgasse bis zu einer Weggabelung, an der uns eine Tafel über das Landschaftsschutzgebiet Döbling informiert. Wir wählen die linke kopfsteingepflasterte Möglichkeit.

Im Schatten wandern wir ein kurzes Stück aufwärts, gleich danach öffnet sich der Weg in die Weinberge: Unwillkürlich begleitet ein Seufzer der Begeisterung die ersten Ausblicke auf die Stadt.

Wir folgen dem kopfsteingepflasterten Weg weiter und erfahren dank der Tafeln in den Weingärten gleich einmal, wofür der Nussberg, den wir nun besteigen, berühmt ist: für den **GEMISCHTEN SATZ** (1). Links und rechts von uns wachsen seine Bestandteile: Grüner Veltliner, Welschriesling, Rotgipfler, Zierfandler, Weißburgunder, Grauburgunder, Chardonnay,

LEOPOLDSBERG
JOSEFSDORF
KAHLENBERGERDORF
NUSSBERG
NUSSDORF
GRINZING
HEILIGENSTADT
1
2
3
4
5
N
W
O
S
20.000
250
500
750
1000 m

Neuburger und wie sie alle heißen. Bei diesem Wein macht es die Mischung, denn verschiedene Trauben eines Weingartens werden miteinander vergoren.

Linker Hand macht uns eine Tafel auf eine prächtige Bewohnerin der Weingärten aufmerksam. Die **SMARAGDEIDECHSE** **2** fühlt sich auf den sonnenbegünstigten Hängen des Nussbergs wohl. Das geschützte Reptil liebt Steinmauern – zum Wärmetanken und als Rückzugsort. Mit etwas Glück sieht man die Männchen in den ersten Frühlingssonnenstrahlen träge auf einer von ihnen sitzen. Die Weibchen beenden ihre Winterruhe etwas später.

Im Frühling sind hier mit etwas Glück Smaragdeidechsen zu beobachten.

Dort, wo der kopfsteingepflasterte Weg eine Linkskurve abwärts macht, gehen wir rechts den Weinberg hinauf. Eine Tafel heißt uns willkommen: „Sehr gut, dass wir uns hier begegnen.“ Am Ende des Weingartens geht es links an einer Böschung entlang. Wir passieren eine Engstelle im Gebüsch, dann taucht linker Hand ein leicht marodes Häuschen auf – und eine Tafel, die uns darauf aufmerksam macht, dass Trauben und Weinblätter tunlichst an den Stöcken zu belassen sind. Verständlich.

Nun verläuft ein Gehölz zu unserer Linken, an dessen Ende wir den deutlich sichtbaren Wiesenpfad aufwärts (und nicht links

bergab) nehmen. An seinem Ende biegen wir wieder links ab und marschieren an einer schönen gemischten Hecke entlang: Rosen, Schlehdorn, Weißdorn, Kornelkirsche, Flieder – im Frühling und Sommer steht immer irgendetwas in Blüte. Wieder führt unser Pfad durch das Gehölz in den nächsten Weingarten.

Wenn wir den markanten **SENDER KAHLENBERG** **3** und das nicht zu übersehende Apartmenthotel erstmals erblicken, geht es rechts aufwärts, vorbei an zwei Häusern, bis wir abermals auf den Eichelhofweg stoßen. Dort geht es links, vorbei an einem Fliederhecken-umgebenen Grundstück mit markanter Wellblechhütte. Darin verbirgt sich der unspektakuläre „Gipfel" des 342 Meter hohen Nussbergs. Er gehört wie der Leopoldsberg zu den nordöstlichsten Ausläufern der Ostalpen und bekam seinen Namen vermutlich von den Haselnusssträuchern, die dort vor der Nutzung des Geländes als Weinanbaugebiet in großer Zahl wuchsen. Und natürlich von den Nussbäumen, die es immer noch gibt.

An der Kreuzung Eichelhofweg/Kahlenberger Straße marschieren wir rechts, beim Heurigen Sirbu kündigt uns ein Holzpfeil den Stadtwanderweg 1a an. Ein Stück weit wird er uns nun leiten. Erst aber lädt eine Bank mit Wasserentnahmestelle zu einer Rast ein. Trinken wir also einen Schluck, auch Vierbeiner, sollten sie mit von der Partie sein, freuen sich über eine Erfrischung. Was für eine Aussicht: hinter uns der Kahlenberg, vor uns der Leopoldsberg und unter uns die Donau. Da kommt Urlaubsfeeling auf.

Weiter geht's: Wir queren die Eisenhandgasse und gehen durch den Wald abwärts, den grün markierten „1a“ entlang. Der Wald duftet und schenkt uns bei jedem Atemzug Terpene, chemische Verbindungen, die unsere Immunabwehr stimulieren. Dass der Wald der Psyche guttut, merken wir jetzt schon. Nach einem Rastplatz wird der Weg zum Pfad, vor einer Lichtung führt er rechts abwärts bis zu einer kleinen Brücke mit grünem Geländer.

Wer im Hochsommer unterwegs ist, wird sich über unsere Wegwahl besonders freuen, wir nehmen nämlich den gelb markierten Waldbachsteig aufwärts, der uns unter einem kühlenden Blätterdach zur Elisabethwiese geleitet. Nachdem wir einen Garten mit schönen Kastanien passiert haben, ist die „Zivilisation“ zu Ende und ein selbstgebasteltes Schild der Naturfreunde empfiehlt uns das Ausziehen der Schuhe, um die Steigung zur Elisabethwiese barfuß zu nehmen. Kann, muss aber nicht. Vor allem: Gilt dies auch im Winter?

Der Bach verläuft inzwischen tief unter uns, der Steig wird steiler, aber schon bald erspähen wir die ersten Vorboten der Attraktion, mit der die Elisabethwiese aufwartet. Über unseren Köpfen spannen sich die Seile des **WALDSEILPARKS** 4.

12 Stadtwanderwege mit Varianten ziehen sich durch Wien – und man muss nicht mit „1“ beginnen.

Weingartenhonig Nussberg
Landschaftshonige kommen immer mehr in Mode, denn auch in der bernsteinfarbenen Kostbarkeit manifestiert sich das Terroir – genauso wie beim Wein. Der Honig vom Nussberg schmeckt lieblich, frisch und grün. Unter landschaftshonig.at gibt's Infos darüber.

Josefinenhütte
Seit 1935 sorgt das Gasthaus auf der Elisabethwiese für das leibliche Wohl der Wandersleute, die zwischen Kahlen- und Leopoldsberg eine kleine Rast einlegen wollen. Seit 2012 versorgen die Wirtsleute auch die Klettermaxe des Waldseilgartens.

Kletterfreudige und solche, die ihr Balancegefühl trainieren wollen, können sich hier nach Herzenslust austoben. Wir tun das ein anderes Mal und steuern auf den höchsten Punkt unserer Route zu. Ein gelber Pfeil weist uns an der Weggabelung nach rechts: 15 Minuten bis zum Leopoldsberg. Wir wandern eben auf dem Stadtwanderweg 1 dahin und können dabei die Hochseilakrobat*innen beobachten, die sich links und rechts von uns von Baum zu Baum schwingen.

Wir passieren den Parkplatz und das sogenannte „Kosakendenkmal", das an die Mithilfe der ukrainischen Kosaken bei der Befreiung Wiens während der Zweiten Türkenbelagerung erinnert – schon sind wir angekommen. Die Namensgebung des 425 Meter hohen Leopoldsbergs (und seines Nachbarn) verlief ungewöhnlich: Die erste urkundliche Erwähnung fand der Hügel

unter „Chalwenberge“. Kaiser Leopold I. stiftete 1679 eine dem heiligen Leopold geweihte Kapelle – und flugs wurde der Berg umbenannt. Den Namen Kahlenberg erhielt dann der nächste westliche Hügel, der bis dahin Sauberg hieß. Eindeutig ein Aufstieg.

Apropos Aufstieg: In den 70er-Jahren des 19. Jahrhunderts konnte man die Standseilbahn zur Elisabethwiese nehmen. Sisi, die wanderfreudige Kaiserin von Österreich, hat den Leopoldsberg sicher zu Fuß erklommen, denn die Seilbahn existierte bei ihrem Besuch nicht mehr: „Weiland Ihre Majestät die Kaiserin und Königin Elisabeth hat im Mai des Jahres 1896 von diesem Platze aus weite Umschau gehalten.“ Das tun wir jetzt auch noch ein Weilchen und wer mag, füllt seine Wasserflasche am Brunnen der Burgmauer. Bevor es an den Abstieg geht, umrunden wir die **BURG 5**,

Wien von oben – von den Aussichtsterrassen des Nasenweges einmalig.

Standseilbahn auf den Leopoldsberg
Die Ersteigung des Leopoldsbergs war nicht immer mühsam: Ab dem Weltausstellungsjahr 1873 bugsierte eine Standseilbahn das Publikum auf den Berg. Zwei Waggons transportierten je 100 Menschen in ca. fünf Minuten von der Donauwarte zur Elisabethwiese. Bereits 1876 wurde die Bahn nach einem Erdrutsch stillgelegt.

denn den Blick auf Klosterneuburg wollen wir uns nicht entgehen lassen.

Nun geht es abwärts: Der Nasenweg führt uns in Kehren und über 310 Stufen satte 250 Höhenmeter hinunter ins Kahlenbergerdorf. Er wurde in seiner heutigen Form 1877 vom Österreichischen Touristenclub ausgebaut. Bei Regen kann es recht rutschig werden – in diesem Fall empfiehlt sich der Bus 38A, der vom Parkplatz des Leopoldberges direkt nach Heiligenstadt fährt. Schöner ist es zu Fuß: Wie Balkone ragen die Aussichtsplattformen in die Landschaft, der Blick donauabwärts weitet Herz und Gemüt, direkt unter uns schmiegt sich das Kahlenbergerdorf zwischen die Hügel.

Haben wir die letzten Stufen überwunden, können wir uns entscheiden: gleich retour in die Stadt (die Billergasse geradeaus, dann in einer Linkskurve und über eine Treppe zur Heiligenstädter Straße, rechter Hand befindet sich die Station des Busses 400, der alle 10 Minuten zum Bahnhof Heiligenstadt führt) oder durch die Unterführung ans Donauufer, um – so es die Witterung erlaubt – die Füße im Donauwasser zu kühlen? Oder doch lieber zum Heurigen und vielleicht – wenn's noch etwas Kultur sein soll – die kleine Kirche besichtigen? Wir entscheiden uns für die kühlen Füße. Nach den gut 10.000 Schritten haben auch sie sich eine Erfrischung verdient.

Top 5 auf dieser Route

01.
Gemischter Satz

Die Trauben unterschiedlicher Weißweinsorten eines Weingartens werden miteinander vergoren und nicht erst nachträglich zusammengemischt. Der Wiener Gemischte Satz besteht aus mindestens drei Rebsorten, deren dominante nicht mehr als 50 Prozent Anteil haben darf, die geringste nicht weniger als zehn Prozent.

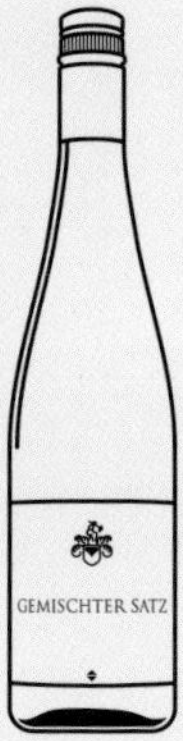

02.
Smaragdeidechse

Die größte heimische Eidechse wird bis zu 40 Zentimeter lang. Zur Paarungszeit im Mai leuchtet die Kehle des Männchens in intensivem Türkis. Das Weibchen legt bis zu 20 Eier in unterirdische Gänge, nach 100 Tagen schlüpfen die jungen Eidechsen, von denen allerdings nur wenige das Erwachsenenalter erreichen.

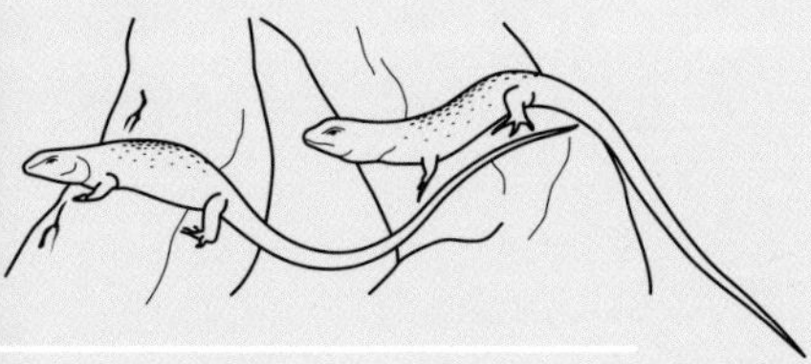

03.
Sender Kahlenberg

Bereits 1898 wurden von der Stephaniewarte neben dem heutigen Sender Versuche mit drahtloser Telegrafie gemacht. Der Fernsehbetrieb startete am 1. August 1955. Somit konnte die Wiedereröffnung der Wiener Oper nach dem Zweiten Weltkrieg am 5. November desselben Jahres live übertragen werden. Der 163 Meter hohe Rohrmast wurde 1974 errichtet.

04.
Waldseilpark

Der Kletterspaß gehört mit dem 3D-Bogenparcours und dem Gastronomiebetrieb Josefinenhütte zur „Erlebniswelt Kahlenberg". 17 Parcours in unterschiedlichen Höhen sorgen für den einen oder anderen Kick, das alles natürlich mit den modernsten Sicherungssystemen. Die Elisabethwiese lädt zum Chillen danach.

05.
Burg am Leopoldsberg

Die Burg ist eine Gründung aus dem 13. Jahrhundert, wurde aber während der Ersten Türkenbelagerung niedergebrannt. Die Kirche stammt von 1679, das Schloss aus dem 18., neugotische Umgestaltungen aus dem 19. Jahrhundert.
Es befindet sich heute in Privatbesitz, angeblich kann es besichtigt und für Taufen und Hochzeiten genutzt werden.

Papyrusmuseum
EPHESOS
MUSEUM
WIEN

09

Vom Praterstern über den Heldenplatz zum Platz der Menschenrechte

Die Demonstrative

Revolutionäres Gehen. Bourgeoises Flanieren. Geschäftiges Treiben.

Charakter der Tour
Über die einstigen Prachtstraßen und vorbei an Orten öffentlichen Aufruhrs bis ins Herz der Stadt.

NATUR

STADT

KINDER

BUGGY

HUNDE

VERKEHRSANBINDUNG:
Start: U1, U4, S1, S2, S3, S4, S7, Regionalzüge, Bim-Linien O/5, Bus-Linien 80A/82A/5B, Station Praterstern
Ziel: U2, Station Volkstheater, bzw. Ersatz-Bim-Line U2Z sowie Bim-Linien 1/2/71/D, Station Burgring

Diese Tour hat ihren Ausgangspunkt in der Mitte des größten Wiener Kreisverkehrs – am Praterstern. Dieser Ort ist vieles: Läufer*innen-Startpunkt in die Hauptallee, Tor zum Wurstelprater, übel beleumundetes Pflaster, mit Alkoholverbot belegter Aufenthaltsort, an dem man sich nicht wirklich aufhalten will, und: beliebte Sammelstelle für Demonstrationszüge. Und das schon lange: Am 1. Mai 1890 zogen an die 100.000 Arbeiter*innen von hier aus friedlich in den Wiener Prater. Die „Maiaufmärsche" haben seit damals Tradition, nur finden die Schlusskundgebungen nicht mehr im Prater, sondern auf dem Rathausplatz statt.

Auch wir wollen heute einer – wenn auch imaginierten – Demonstration ins Zentrum der Stadt folgen. Denken Sie sich einfach ein Anliegen aus. Zum Beispiel das Klima. **ADMIRAL TEGETTHOFF** **1** würde es Ihnen danken, denn er steht, vom Verkehr statt von den Wogen der Adria umtost, seit 1886 an diesem Ort und blickt die Praterstraße stadteinwärts in Richtung Stephansdom.

In diese Richtung machen wir uns gemächlich auf den Weg. Gleich zu Beginn lockt rechts die grün gekachelte Fassade des Gasthaus Hansy, wir halten uns aber links und passieren schon bald den Dogenhof (Nr. 70). Das 1898 erbaute Haus mit dem Markuslöwen an der Fassade erinnert an ein venezianisches Palais – und daran, dass im Prater zu jener Zeit eine „Theater- und Vergnügungsstadt" namens „Venedig in Wien" entstand.

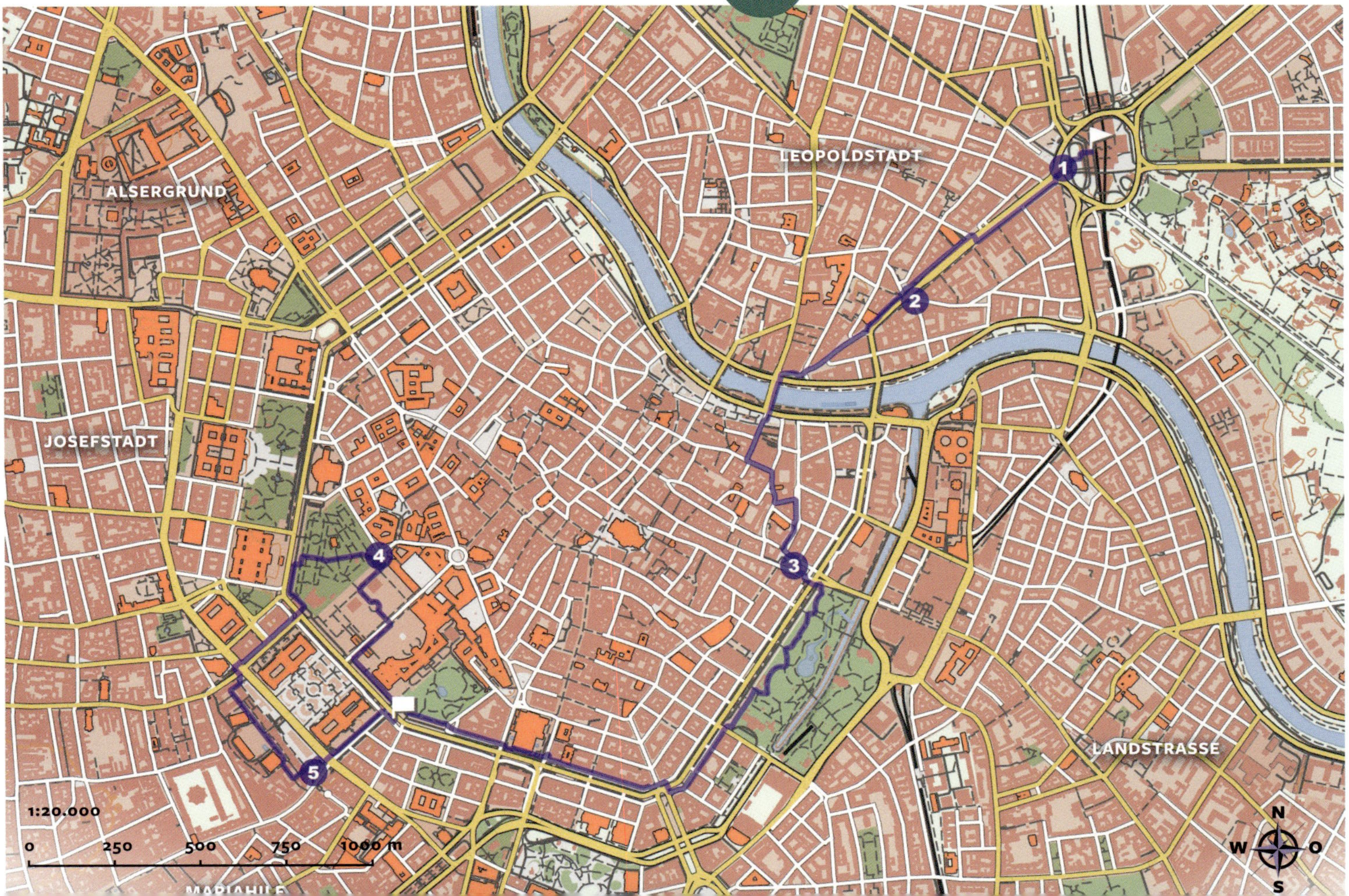
ALSERGRUND
LEOPOLDSTADT
JOSEFSTADT
LANDSTRASSE
1
2
3
4
5
1:20.000
0
250
500
750
1000 m
N
W
O
S

Manchmal gewähren offene Haustore einen kurzen Blick in bezaubernde Höfe und Durchhäuser, manchmal laden Gedenktafeln für Doyens und Doyennes eines vergangenen kulturellen Lebens zur näheren Inspektion (z. B. für die Sängerin und Schauspielerin Fritzi Massary auf Nr. 66 oder für Gabor Steiner, den Begründer von „Venedig in Wien", auf Nr. 56). Vor dem Haus Nr. 60 sind „Pflastersteine" aus Metall in den Boden eingelassen. Diese „Steine der Erinnerung" rufen die Namen der Jüdinnen und Juden ins Gedächtnis, die einst an diesen Orten lebten und von den Nazis ermordet wurden. Im 2. Bezirk gibt es viele davon.

Leopoldstadt
2. Wiener Gemeindebezirk, benannt nach Kaiser Leopold I. (1640–1705). Bis zur Machtübernahme der Nazis prägten die jüdischen Bewohner*innen das Alltags- und Kulturleben der „Mazzesinsel", wie der Bezirk (inklusive einiger Teile des heutigen 20. Bezirks) auch genannt wurde.

Wir kommen an der Johann-Strauss-Wohnung vorbei, einer Dependence des Wien Museums und wechseln beim Nestroyplatz die Straßenseite – magisch angezogen vom schmalen Haus, das die Afrikanergasse von der Praterstraße trennt und dem Rosl-Berndt-Platz Halt gibt. Bis in den Herbst stehen dort an die 1970er-Jahre erinnernde weiß lackierte Gartenstühle aus gebogenen Eisenstäben. Das hat etwas Pariserisches.

Weiter geht es auf die zwischen 1841 und 1846 errichtete Johann-Nepomuk-Kirche zu, die in ihrer Blockhaftigkeit fast ein bisschen unnahbar wirkt. Daran ändert auch der schlanke, spitz zulaufende Turm nichts. Auf der gegenüberliegenden Straßenseite, hinter zwei Platanen versteckt, springt uns am Haus Nr. 48 der Schriftzug „Radsport Rih" ins Auge. Firmengründer Franz Hamedl benannte seinen Betrieb 1933 nach dem Rappen des berühmten Karl-May-Charakters Kara Ben Nemsi. Seit 1953 ist das Geschäft in dem hübschen Haus mit den Frauenkopf-Vignetten untergebracht.

Der Nestroyhof (Nr. 34), dessen schmale Fassade mit dem Jugendstil-Schriftzug der Praterstraße zugewandt ist, beherbergte bis zum Einmarsch der Nazis eines der Zentren jüdischen Kulturlebens. Heute ist hier das Theater Hamakom zu Hause. In der Tempelgasse gleich neben dem Nestroyhof ragen hohe weiße Säulen in die Höhe. In dieser Stelle stand bis zu seiner Zerstörung in den Morgenstunden des 10. November 1938 der Leopoldstädter Tempel.

Ein großer Demo-Zug würde nun links über Aspernbrückenstraße und Aspernbrücke auf den Ring ziehen, wir sind heute nicht so viele und erlauben uns die Route über den wohl idyllischsten Abschnitt der Praterstraße mit seiner lebendigen Lokalszene. Die Schanigärten werden vom bronzenen **JOHANN NESTROY** **2** bewacht, dem „echten" war öffentlicher

Jägerzeile
So lautete der alte Name der Praterstraße bis 1862 (zuvor hieß nur der kurze, stadteinwärts liegende Teil so). Er leitet sich von Grundstücken ab, die Maximilian II. (1527–1576) pensionierten Hofjägern zur Verfügung gestellt hatte.

Aufruhr durchaus sympathisch. Am 1. Juli 1848 wurde sein Stück „Freiheit in Krähwinkel" im benachbarten Carltheater (heute steht dort der Galaxy Tower) uraufgeführt. Darin wird, damals nahezu tagesaktuell, das Revolutionsjahr 1848 thematisiert – inklusive „Katzenmusik", laut lärmender Unmutsäußerungen des für Freiheit und Brot demonstrierenden Volkes.

Über die Schwedenbrücke queren wir den Donaukanal, marschieren über den Kai geradeaus den Laurenzerberg hinauf und biegen links in den Fleischmarkt ein. An diesem Ort wird ein Konflikt manifest, der in den 1970ern die Frauen auf die Straße gehen ließ. Wie schon ihre Vorreiterinnen um 1920 protestierten sie für das Recht auf Abtreibung, die durch den Paragraf 144 des Strafgesetzbuches verboten war – und hatten Erfolg: Die sogenannte Fristenlösung ist seit 1975 in Kraft. Trotzdem machen Abtreibungsgegner*innen noch heute gegen eine Abtreibungsklinik Stimmung, die seit 1976 am Fleischmarkt existiert.

Johann Nestroy wacht über die Schanigärten der Praterstraße.

Wir machen uns über die Postgasse (rechts), die Barbaragasse (links) und den schönen erhöhten Fußweg der Dominikanerbastei (wieder rechts) auf zum nächsten Ort öffentlicher Auseinandersetzungen: Auf dem Dr.-Karl-Lueger-Platz steht seit 1926 das **LUEGER-DENKMAL** **3** für den bekennend antisemitischen, für die Stadtentwicklung aber nicht unwichtigen Bürgermeister (Amtszeit 1897–1910). Nach einer Aktion von Student*innen im Sommer 2020, die das Denk- in ein „Schandmal" verwandelten, kam es zu rechten Gegendemonstrationen.

Nach so vielen Orten gesellschaftlichen Aufruhrs haben wir uns eine kleine Auszeit verdient. Wir queren den

Ring und spazieren zwischen zwei Blumenständen in den Stadtpark. Nur eine kurze Rast, viel mehr kann es heute nicht sein, denn wir haben noch einiges vor. Beim Kursalon Hübner schließen wir uns wieder unserem imaginierten Demonstrationszug an. Noble Ringstraßenhotels reihen sich nun aneinander, mittendrin, am Schubertring, steht das wohl eleganteste Straßenbahn-Wartehäuschen Wiens aus dem Jahr 1954. Nachts ist es noch viel schöner als tagsüber.

H. C. Artmann
„i mechad mi diaregd fia dii in a blumanschdandal fazauwan …", dichtete H. C. Artmann im legendären Buch „med ana schwoazzn dintn". Am Eingang in den Stadtpark gibt's zwei davon.

Vor der Oper kommen wir zum Stehen. Seit 1935, mit kriegsbedingten und pandemischen Unterbrechungen, findet dort der Opernball statt – und seit 1987 die „dazugehörige" Demo. Die erste derartige öffentliche Unmutsäußerung richtete sich gegen den damaligen bayrischen Ministerpräsidenten und Ballbesucher Franz Josef Strauß und die Atommüll-Wiederaufbereitungsanlage im bayrischen Wackersdorf – dabei kam es sogar zum Einsatz von Schlagstöcken. 1989 und 90 gab es heftige Auseinandersetzungen zwischen der autonomen Szene und der Polizei. Die Demo „verebbte" gegen Ende der 1990er, um im Jahr 2000, dem ersten Jahr der ÖVP-FPÖ-Regierung, wieder für einige Zeit aufzuleben. Legendär wurde der „Auftritt" des österreichischen Schauspielers Hubsi Kramar, der, als Hitler verkleidet, in einer Limousine vor der Oper vorfuhr – und eingelassen wurde!

Wir wandern weiter den Ring entlang und nähern uns dem Höhepunkt jeder Demonstration – dem Einzug auf dem Heldenplatz. Wir wissen es alle: Dieser Ort ist, was Massenveranstaltungen betrifft, vorbelastet. Aber auch Wunderbares ist hier geschehen: Am

Tipps

Vom Mehr und Weniger

Gehen und Fasten – geht das zusammen?
Und wie! Gehen und Fasten haben gleichermaßen so etwas wie einen „zeitlosen“ Ursprung: Gehen ist die natürlichste und ursprünglichste Form der menschlichen Fortbewegung, Fasten ist eine uralte Form der Enthaltsamkeit. Beides hat einen sehr positiven Effekt auf unseren Körper. An den Teilnehmer*innen meiner Fastengruppen kann ich sehen, wie essenziell ein „Morgengang“ ist.

Wie wirkt sich das Gehen aus?
Wer sich während des Fastens „in Bewegung setzt“, hat weit weniger Beschwerden bei der Umstellung auf den Fastenstoffwechsel, das heißt, weniger Kreislaufprobleme, weniger Kopfweh und Gliederschmerzen. Manchmal braucht es ein wenig Überwindung, morgens aus dem warmen Bett direkt an die frische Luft zu gehen – vor allem in der kühleren Jahreszeit. Der Körper dankt uns diese Morgengänge mit der Mobilisierung all seiner Kräfte.

Man könnte meinen, dass einen beim Fasten die Kräfte verlassen …
Im Gegenteil! Ich gehe mit meinen Gruppen am vierten Tag der Fastenwoche, im absoluten Fastenhoch, die längste Tour. Das sind rund zwölf Kilometer. Es ist wunderbar zu sehen, mit wie viel Kraft, mit welcher Leichtigkeit und Freude und mit welcher Aufmerksamkeit für die Umgebung die Teilnehmer*innen diese Strecke zurücklegen. All unsere Sinne werden durch das Fasten geschärft.

Was geben Sie Ihren Teilnehmer*innen mit nach Hause?
Beim Fasten gibt es zwei ganz einfache Regeln: ausreichend trinken und sich ausreichend bewegen. Wer möglichst viel davon in den Alltag mitnimmt, hat schon gewonnen. Was das Fasten betrifft, so kann man im Alltag, vielleicht an einem Tag pro Woche, längere Ernährungspausen einlegen – wir kennen das als Intervallfasten. Und was die Bewegung anbelangt, so gilt tatsächlich die Regel: Jeder Schritt zählt: Treppensteigen, mit Kindern spielen, kurze Wege zu Fuß gehen, abends noch eine Runde um den Block. Es geht nicht darum, Extreme zu bedienen, weder beim Fasten noch beim Sport. Wichtig ist, mit sich selbst milde zu sein und für sich eine Alltagskultur zu entwickeln, in der man – im konkreten und im übertragenen Sinn – in Bewegung bleibt.

NATASCHA ZICKBAUER,
Fastenbegleiterin,
Psychologin, Mediatorin,
TRE-Trainerin
bewegtes.at

23. Jänner 1993, zwei Tage vor Beginn der Eintragungswoche des von der FPÖ initiierten sogenannten „(Anti-)Ausländer-Volksbegehrens", setzte Österreich ein überparteiliches, überkonfessionelles Zeichen der Menschlichkeit. Bis zu 300.000 Menschen zogen von verschiedenen Sammelpunkten kommend zum Heldenplatz und bildeten das legendär gewordene „Lichtermeer".

Wir überqueren den Helden- und steuern auf den Ballhausplatz zu, wo sich Präsidentschaftskanzlei und Bundeskanzleramt gegenüberstehen. Wie wir seit der Angelobung der schwarzblauen Regierung im Jahr 2000 wissen, sind die beiden auch unterirdisch miteinander verbunden: Während zu ebener Erde Tausende protestierten, schritten die künftigen Regierungsmitglieder „unten durch" zur Angelobung. Wo im Jahr 2000 noch die Krautköpfe flogen, befindet sich seit 2014 das **DENKMAL FÜR DIE OPFER DER NS-MILITÄRJUSTIZ** ❹. Sein Standort ist gut gewählt zwischen den Regierungsgebäuden und jenem Platz, auf dem sich Hitler bejubeln ließ.

Weiter geht's quer durch den Volksgarten (gleich beim Denkmal ist ein Eingang), den wir beim Parlament wieder verlassen – schweren Herzens, denn hier blühen bis spät in den Herbst die Rosen. Auf der gegenüberliegenden Straßenseite liegt, schräg links hinter einer kleinen Parkanlage, der Justizpalast, wo es in der Ersten Republik zu blutigen Zusammenstößen zwischen Protestierenden und der Polizei kam. Am 14. Juli 1927 wurden nämlich zwei (christlichsoziale) Frontkämpfer freigesprochen, die Ende Januar desselben Jahres im burgenländischen Schattendorf zwei Menschen erschossen

In Wien hat auch so manche Parkbank ein politisches Anliegen.

hatten. Sozialdemokratische Arbeiter*innen aus den Bezirken jenseits des Gürtels protestierten am Morgen des 15. Juli vor dem Parlament, berittene Polizei wurde in die Menge geschickt. Einige Demonstrant*innen drangen in den Justizpalast ein und setzten Akten in Brand. Trauriges Resümee: insgesamt 89 Tote, 600 Personen wurden schwer verletzt, Tausende leicht.

Wir ziehen nun über die Bellariastraße in Richtung der sogenannten 2er-Linie – jenes Straßenzuges, der außerhalb der und parallel zur Wiener Ringstraße verläuft und weithin so genannt wird, weil hier einst Straßenbahnlinien mit der Zusatzziffer 2 verkehrten. Nun queren wir die Straße an der Kreuzung, nehmen den ersten Eingang ins Museumsquartier und marschieren durch die belebten Höfe auf die letzte Station unserer Privat-Demo zu: das **DENKMAL FÜR MARCUS OMOFUMA** 5. Der nigerianische Asylwerber verstarb im Mai 1999 bei seiner Abschiebung im Flugzeug an Sauerstoffmangel – man hatte ihn am Sitz fixiert und seinen Mund mit Klebeband verschlossen. Nach Omofumas Tod kam es zu zahlreichen Demonstrationen – auch von Asylwerber*innen. Kleines Detail am Rande: Der Ort, an dem Marcus Omofumas Denkmal steht, heißt „Platz der Menschenrechte“. Dafür wollen wir gern weiter auf die Straße gehen, auch mehr als 10.000 Schritte. Heute sind es nur mehr wenige zurück zur nächstgelegenen Bim-Station am Ring.

Die Rosen im Volksgarten sind für alle da – von Frühsommer bis spät in den Herbst.

Top 5 auf dieser Route

01.
Tegetthoff-Denkmal

Der Kopf des wohl einzigen österreichischen Seehelden schwebt 24,5 Meter über dem Straßenniveau. Von Carl Kundmann stammt die Statue, die Architektur besorgte Carl von Hasenauer. Gedacht wird des Sieges der österreichisch-ungarischen Marine über die Italiener in der Seeschlacht von Lissa 1866.

02.
Nestroy-Denkmal

Das Bronzestandbild von Oskar Thiede aus dem Jahr 1929 hat eine lange Reise hinter sich: Es sollte vor dem Carltheater stehen, dem Wirkungsort Nestroys, landete aber vor dem Nestroyhof. Den Zweiten Weltkrieg „überlebte" es in einer Metallfabrik, danach gelangte es über den „Umweg" Max-Reinhardt-Seminar 1983 an seinen jetzigen Standort.

03.
Lueger-Denkmal

Zehn Jahre nach seiner Fertigstellung im Jahr 1916 durch den Bildhauer Josef Müllner wurde das Denkmal für den damals populären Bürgermeister enthüllt. 150.000 Menschen sollen sich am Tag der Enthüllung am Festumzug beteiligt haben.

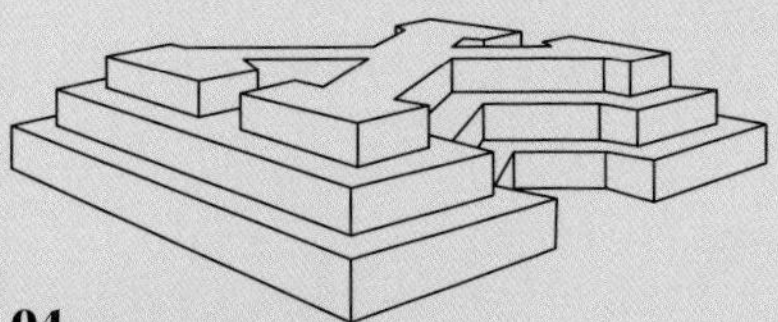

04.
Denkmal für die Opfer der NS-Militärjustiz

Olaf Nicolai schuf die x-förmige begehbare Treppenskulptur. Auf der Oberseite ist ein Gedicht des schottischen Dichters Ian Hamilton Finlay zu lesen: Die Worte „all" und „alone" symbolisieren den Widerstand des Einzelnen gegen den Strom der Masse.

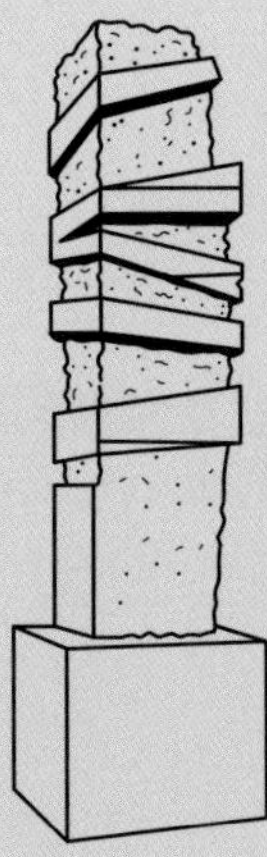

05.
Denkmal für Marcus Omofuma

Die dunkle Granitskulptur der Bildhauerin Ulrike Truger wurde im Oktober 2003 vor der Oper aufgestellt – ohne Genehmigung. Der fünf Tonnen schwere Gedenkstein wurde abgetragen und an seinen jetzigen Standort übersiedelt.

10

Über den Satzberg und die Jubiläumswarte auf die Steinhofgründe

Die Erhabene

10

Bunte Villa. Hohe Warte. Goldene Kirche.

Charakter der Tour
Eine Tour, die alles bietet: Kultur, Natur und zum Schluss ein Schnitzel im Schutzhaus, das durch anfangs zu überwindende Höhenmeter verdient sein will.

NATUR
STADT
KINDER
BUGGY
HUNDE

(Auf den Steinhofgründen Hundeverbot)

VERKEHRSANBINDUNG:
Start: Bim-Linie 49, Endstation Hütteldorf
Ziel: Bus-Linie 46A oder 46B, Station Feuerwache

Diese Tour könnte auch den Titel (Otto-)Wagner-Festspiele tragen oder „Durchs Paradies auf den Lemoniberg" – ganz wie Sie wollen. Bevor wir aber unseren „grünen Hügel" erklimmen, fahren wir mit der Straßenbahn-Linie 49 bis zur Endstation. Rechts vorbei am 49er-Würstelstand, wo man, so wird berichtet, ausgezeichnete Burenwürste bekommt, folgen wir der blauen Markierung durch die Bujattigasse, immer am Halterbach entlang.

An einigen prunkvollen Villen vorbei – und an einer mächtigen Platane in einem Garten links der Straße, die auch als Naturdenkmal ausgewiesen ist – gelangen wir zur Hüttelbergstraße und damit direkt zum bunten Universum des Ernst Fuchs, seines Zeichens bedeutender Vertreter der Wiener Schule des Phantastischen Realismus. Der Garten des **ERNST-FUCHS-MUSEUMS** 1 kann gratis besucht werden. Wer die Werke des Meisters genauer studieren will, sollte etwas Zeit einplanen – und ein paar Extra-Schritte.

Links neben dieser Villa aus dem Jahr 1888, die Otto Wagner einst für sich im Stil des Historismus plante, steht ein zweiter Wagner-Bau. Die schlichte, funktionale Form der 15 Jahre jüngeren Villa tut dem Auge wohl. Die Mosaike über dem Eingang und an der Veranda stammen von Kolo Moser.

Der interessanten Bauwerke nicht genug, steht auf dem Nachbargrundstück der schönen Villa das Brunnenhaus der Albertinischen Wasserleitung, des

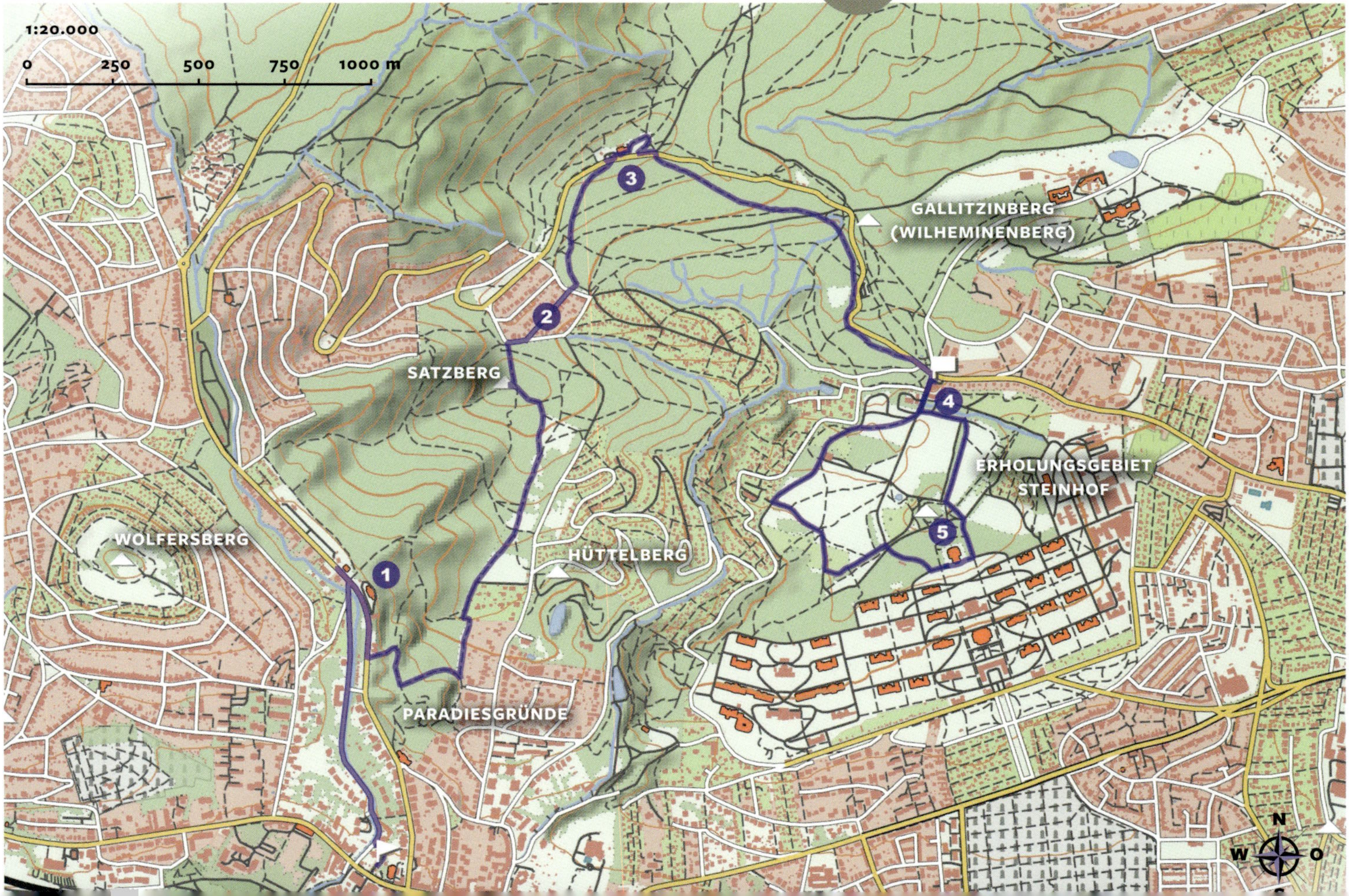
1:20.000
0
250
500
750
1000 m
SATZBERG
GALLITZINBERG
(WILHEMINENBERG)
ERHOLUNGSGEBIET
STEINHOF
WOLFERSBERG
HÜTTELBERG
PARADIESGRÜNDE
1
2
3
4
5
N
W
O

Vorläuferprojekts der Wiener Hochquellenwasserleitung: Im Haltertal lagen die Quellen für die Versorgung der südwestlichen Vorstädte von Wien, mit der man 1804 begann.

Wir machen uns nun auf ins Paradies. Zu diesem Zweck gehen wir, vorbei am Fuchs-Museum, die Hüttelbergstraße ein kleines Stück retour, bis nach einem unbewohnten Haus mit Rollläden links eine Gittertür auftaucht. Durch sie betreten wir die Paradiesgründe, ein weitläufiges Erholungsgebiet am Fuße des Satzbergs. Über einen teils kopfsteingepflasterten Weg gelangen wir in einer Rechtskurve zu einer steilen Wiese. Ein Pfad führt an ihrem rechten Rand aufwärts – das ist unser Weg, von dem wir im Hochsommer auch gern mal abkommen: Auf dem Hang stehen unzählige Kriecherlbäume – es darf genascht werden. Kriecherln, in Deutschland auch Haferschlehen genannt, zählen zum Wildobst. Sie stammen von unveredelten Bäumen der Gattung Pflaume (Prunus), es gibt sie in Gelbgrün bis Blauviolett.

Am oberen Rand der Wiese angekommen durchschreiten wir einen Baumgürtel und gehen danach links aufwärts. Wir passieren eine Siedlung, an deren Ende wir den Wiesenpfad geradeaus nehmen, vorbei an einem Containerhäuschen. Der Weg wird steiler, das kostet uns ein paar Schweißperlen, aber wir werden mit grandiosen Ausblicken auf Wien belohnt.

Fast am Ende der letzten Wiese angekommen, wählen wir den linken Pfad, der uns zum weniger spektakulären, weil mitten im Wald befindlichen Gipfel des Satzbergs bringt. Hier findet sich dafür ein Gipfelkreuz nebst -buch. Wir verewigen uns natürlich und nehmen den Weg, auf

Winterglück

Zum Satzberg mit dem „Rodelbus“: Wer im Winter herkommt und nicht zu Fuß aufsteigen will, nimmt den 52B von Hütteldorf zur Siedlung Kordon.

Spielplatz Paradiesgründe
Kinder haben auf dem Spielplatz mit dem großen „Klettergarten“ in Schiffsform ihre Freude. Das Schiff liegt gleich im neben der Wiese mit den Kriecherlbäumen vor Anker.

dem wir gekommen sind, weiter abwärts zur Pappelstraße. Dort stoßen wir auf eine Siedlung, die wir durchqueren müssen. Wir wählen dafür die Goldsterngasse (an der Pappelstraße rechts, dann die erste Gasse links) – sie erinnert an eine engagierte jüdische Wissenschaftlerin, die von den Nazis ermordet wurde: Die Ethnologin **EUGENIE GOLDSTERN** ② betrieb zu Beginn des 20. Jahrhunderts unter schwierigsten Umständen alpine Feldforschungen, was für eine Frau damals sehr mutig und ganz und gar keine Kleinigkeit war.

Am Ende der Gasse treffen wir unmittelbar gegenüber auf eine rote und grüne Markierung und einen schmalen Pfad in den Wald. Nichts wie hinein mit uns und unmittelbar danach links auf den breiteren Weg, dem wir nun bis zur Jubiläumswarte folgen. Die Abzweigungen sind etwas verwirrend, wir halten uns einfach parallel zur links von uns verlaufenden Straße, bis sich vor uns die Spindel der **JUBILÄUMSWARTE** ③ in die Höhe schraubt. Schwindelfreie genießen den Rundumblick von oben: Im Westen zeigt sich der Wienerwald, im Osten die Stadt und im Süden bei guter Sicht sogar der Schneeberg.

Am Satzberg gibt es auch ein Gipfelbuch. Es hütet so manchen poetischen Erguss.

In den Gebäuden am Fuße des Turms wurden einst Ausflügler*innen verköstigt, heute werden kleine Gäste mit Wissenswertem über den Wald gefüttert. Schulklassen können einen Tag mit den Förster*innen der „Wiener Waldschule Ottakring“ buchen. Und wenn's mal regnen sollte, dürfen sich Klein und Groß hier unterstellen.

Steinhof-Variante für Vierbeiner
Ab der Feuerwache über das Schloss Wilhelminenberg hinunter nach Ottakring: Unterhalb des Schlosses verläuft ein wunderschöner Weg.

Wir wandern auf dem grün markierten Weg entlang der Johann-Staud-Straße an der Waldschule vorbei. Gleich danach links, etwas im Wald versteckt, ragt eine „Splitterschutzzelle" aus dem Boden. Sie gehörte zum sogenannten „Schirachbunker" (benannt nach Gauleiter Baldur von Schirach), der im Zweiten Weltkrieg die Zentrale des Luftwarnsystems war.

Zwischen zwei Betonpfeilern queren wir die Straße und wandern (gelbe Markierung) vorbei an einem kleinen Teich und quer über einen Grillplatz (kurz: rote Markierung) schließlich parallel zur Johann-Staud-Straße bis zur **FEUERWACHE AM STEINHOF** ❹. Gleich rechts daneben liegt das Tor zum zweiten Paradies auf dieser Tour (allerdings nur für Zweibeiner!), dem weitläufigen Erholungsgebiet Steinhofgründe. Das Lauf-, Walking-, Drachensteig-, Picknick- und Spiel-Eldorado, das vor allem bei Familien mit Kindern

beliebt ist, erstreckt sich über 42 Hektar. Früher wurden die Flächen als Versorgungsgarten für das angrenzende Krankenhaus genutzt, das sich heute Klinik Penzing nennt und vormals Otto-Wagner-Spital hieß. Errichtet wurde es 1905 bis 1907 als „Niederösterreichische Landes-Heil- und Pflegeanstalt für Geistes- und Nervenkranke“. An der Planung der 60 Pavillons samt Jugendstiltheater mitbeteiligt war Otto Wagner, von dem auch die Kirche stammt, deren goldene Kuppel, die „Zitrone“, zwischen den Bäumen hervorblitzt.

Die Zustände auf dem Gelände waren aber nicht immer paradiesisch – im Gegenteil: Sein ursprünglicher Name, die Spiegelgründe, erinnert an ein sehr dunkles Kapitel der österreichischen Geschichte. In der „Wiener städtischen Nervenklinik für Kinder Am Spiegelgrund“ wurden während der NS-Zeit viele Kinder, bei denen man „Idiotie“ bzw. diverse Missbildungen diagnostiziert

Blick von der Jubiläumswarte: Man muss einfach oben gewesen sein.

hatte, für tödliche medizinische Versuche missbraucht. Auch eine „Jugendfürsorgeanstalt" gab es auf dem Gelände, in der „schwer Erziehbare" psychisch gebrochen wurden. Es tut gut, dass die Steinhofgründe heutzutage von unbeschwertem Kinderlachen erfüllt sind.

Zum Beispiel auf dem riesigen Spielplatz, auf den wir uns, nachdem wir die Wasserflasche beim Trinkbrunnen frisch gefüllt haben, über die Abzweigung nach links zubewegen. Hier können kleinere und größere Kinder ihren Bewegungsdrang stillen, die Eltern finden schattige Ruheplätze unter Bäumen. Beim Spielplatz geht es rechts, eine kleine Obstbaumallee entlang – an ihrem Ende links bis zu einer Wiese, dann gleich wieder rechts auf die goldene Kuppel der **KIRCHE AM STEINHOF** 5 zu. Die 1907 fertiggestellte Kirche ist dem heiligen Leopold gewidmet und gilt als Hauptwerk des Jugendstils. In den Jahren 2000 bis 2006 wurde sie komplett renoviert. Die Marmorfassade wurde mit neuen Platten versehen und die Kuppel, die dem Hügel den Namen „Lemoniberg" einbrachte, erhielt einen Überzug aus zwei Kilogramm Blattgold.

Mahnmal
Auf dem Anstaltsgelände der Klinik Penzing befinden sich vor dem Jugendstiltheater 772 Lichtstelen: Sie erinnern an die Kinder und Jugendlichen, die hier zwischen 1940 und 1945 ermordet wurden.

Fast am Ende unserer Tour angelangt, haben wir uns eine Stärkung verdient (finden wir jedenfalls), also steuern wir das „Große Schutzhaus im Rosental" an. Wir spazieren am Kirchenportal vorbei, am Hinweisstein mit Lageplan geht es rechts entlang junger

Ebereschen bis zu einem zweiten Hinweisstein. Gleich dahinter weist uns ein Schild nach links den Weg zum Schutzhaus. Wir passieren alte Obstbäume (und im Sommer auch grasende Schafe) und gelangen direkt zur Wirtshauspforte. Prostmahlzeit!

Gelabt verlassen wir das Gasthaus über dieselbe Pforte, wenden uns dann aber nach links aufwärts. An der Wand des unübersehbaren Schuppens zu unserer Rechten kann man sogar im Winter in der Sonne sitzen. Ein echter Tipp, wenn „unten" in der Stadt der Nebel liegt. Sitzpolster nicht vergessen!

Wir gehen hinter dem Schuppen quer über eine alte Obstwiese und vorbei an den Infotafeln des „Biosphärenparks Wienerwald" wieder Richtung Feuerwache. Von dort bringt uns der Bus 46A oder 46B zur U3-Station Ottakring.

Top 5 auf dieser Route

01.
Ernst-Fuchs-Museum

1972 kaufte Ernst Fuchs, einer der Vertreter der Wiener Schule des Phantastischen Realismus, die baufällige „Villa Wagner I" (Nummer II steht daneben) und begann, sie als Atelier zu nutzen. Er renovierte das Haus und öffnete es 1988 für Besucher*innen. Zu sehen sind darin die Werke des Meisters, aber auch Mosaike von Kolo Moser.

02.
Eugenie Goldstern

Die aus Odessa stammende Jüdin Eugenie Goldstern studierte in Wien Ethnologie und betrieb bis in die 1920er-Jahre Feldforschung in den Schweizer, italienischen und französischen Alpen. Die Artefakte, die sie dabei sammelte, übergab sie dem Museum für Völkerkunde in Wien, damals bereits wissenschaftliche Nazi-Hochburg. Eugenie Goldstern wurde 1942 deportiert und in Izbica ermordet.

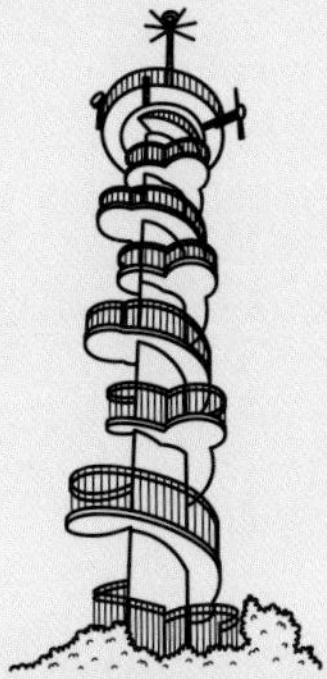

03.
Jubiläumswarte

Die elegante, 31 Meter hohe Stahl-Beton-Spindel stammt aus dem Jahr 1956. Den atemberaubenden Rundum-Blick genoss man hier aber schon ab 1898. Zu Ehren des 50-jährigen Regierungsjubiläums von Kaiser Franz Joseph wurde eine Warte aus Holz errichtet, die man schon ein Jahr später durch einen Eisenturm ersetzte.

04.
Feuerwache Steinhof

Josef Bittner, einer der wesentlichen Architekten und Vordenker des kommunalen Wohnbaus in Wien, plante die Feuerwache Steinhof mit ihrem markanten Balkon über den Toren. 1931 wurde sie fertiggestellt und im Zweiten Weltkrieg nicht zerstört. Sie wird nach wie vor als Gruppenwache der Hauptwache Hernals geführt.

05.
Kirche am Steinhof

Der Bau wurde von Otto Wagner nach den speziellen Anforderungen einer „Anstaltskirche" geplant: Abgerundete Ecken vermindern die Verletzungsgefahr, es gibt ein Arztzimmer, tropfendes Weihwasser statt eines Beckens und im Boden Rinnen zur leichteren Reinigung. An Wochenenden kann all das nebst der prachtvollen Innenausstattung besichtigt werden.

11

Von Stammersdorf über den Bisamberg nach Langenzersdorf

Die Grenzüberschreitende

Wilder Wein. Kühle Keller. Sonnige Höhen.

Charakter der Tour

Durch Kellergassen und Weingärten auf den Bisamberg und steil hinunter nach Langenzersdorf. Oder umgekehrt, denn Heurige gibt's dort wie da.

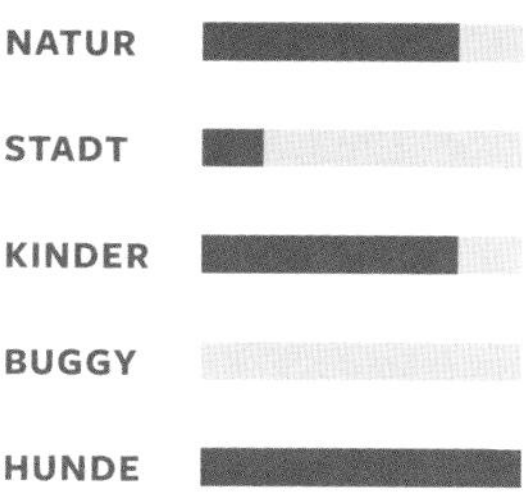

VERKEHRSANBINDUNG:
Start: Bim-Linien 30/31, Endstation Stammersdorf
Ziel: S3, S4, R3, Station Langenzersdorf, Bus-Linie 850, Wiener Straße 12

„Ich stamme aus Strebersdorf und strebe nach Stammersdorf." – Die zweite Hälfte dieses schönen Satzes des österreichischen Dichters Andreas Okopenko gilt auch für uns. Das „Streben" bewerkstelligen wir mit der Straßenbahn, an deren Endstation bereits glasklar ist, wo wir uns befinden: in einem Heurigenort. „Ausg'steckt"-Tafeln informieren darüber, wo es gerade Wein gibt, aber wir bleiben standhaft und biegen links in die Josef-Flandorfer-Straße ein. Die ist nicht rasend schön, aber die niedrigen Häuserzeilen mit den bunten Fassaden – einige davon liebevoll renoviert – geben den ursprünglichen Charakter des „Unterortes" gut wieder.

Ein Holzpfeil weist darauf hin, dass hier auch der Stadtwanderweg Nr. 5 verläuft. Wir spazieren immer schnurgeradeaus, ab der Bim-Station passieren wir dabei fünf Kreuzungen. Nach einer Schule und einem kleinen Park biegen wir rechts in die Luckenschwemmgasse ein – aber nicht ohne einen Blick zurück über das freie Feld zu werfen: Am Horizont zeichnet sich die Skyline der sogenannten Manhattan-Bauten ab. Die riesige Fertigteilbeton-Anlage stammt aus der Mitte der 1970er-Jahre, heißt eigentlich Dr.-Franz-Koch-Hof (nach einem Arzt, der während der russischen Besatzung Floridsdorfer Bezirksvorsteher war) und bildet – zumindest aus der Ferne – durch die unterschiedlichen Geschoßhöhen tatsächlich eine metropolitane Silhouette aus.

Für uns geht's nun immer auf den Kirchturm zu, erst aber erreichen wir die Stammersdorfer Straße und damit auch das Zentrum des alten Ortes.

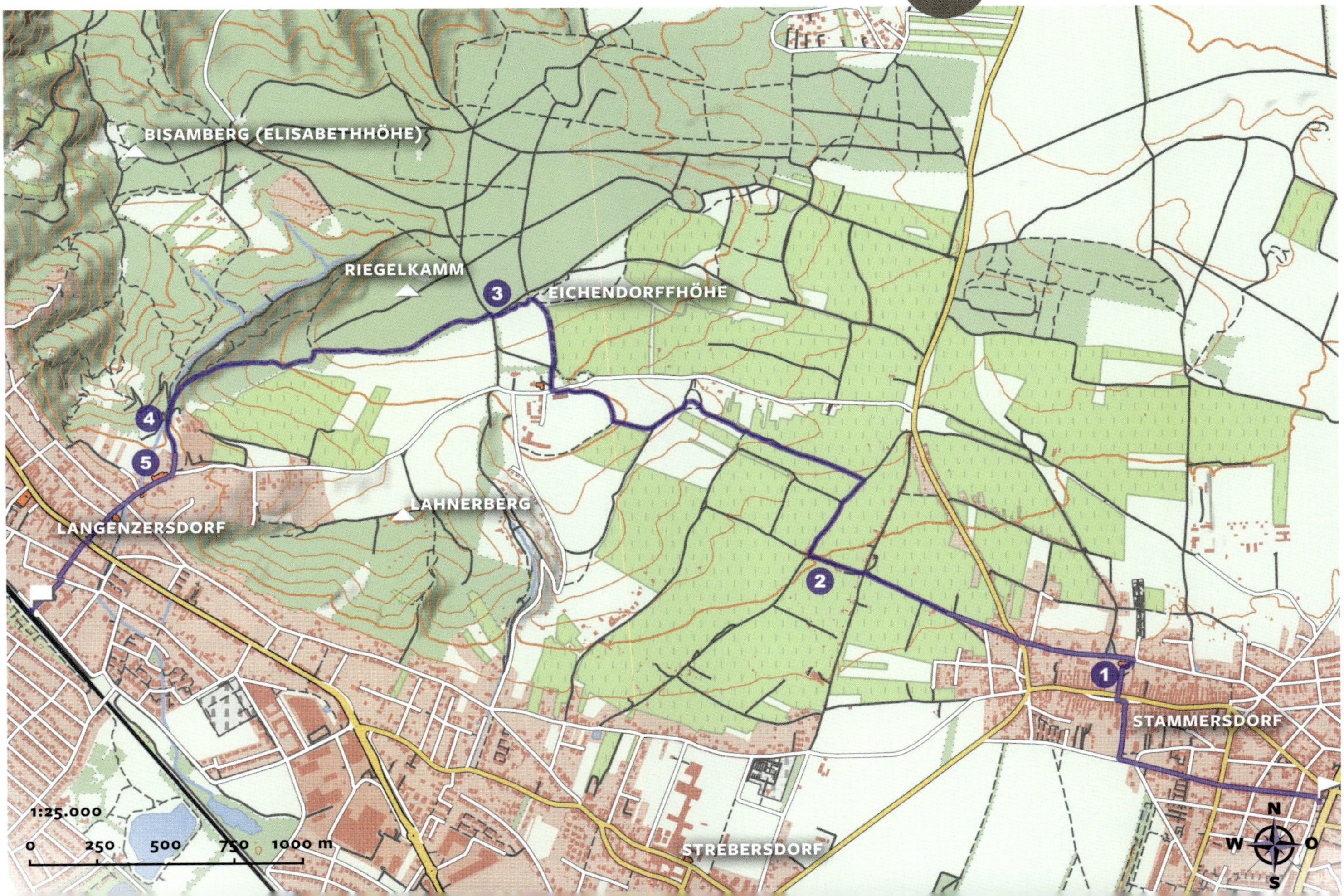
BISAMBERG (ELISABETHHÖHE)
RIEGELKAMM
3
EICHENDORFFHÖHE
4
5
LAHNERBERG
LANGENZERSDORF
2
1
STAMMERSDORF
STREBERSDORF
1:25.000
0 250 500 750 1000 m
N
W
O
S

Skyline am Stadtrand: Die Häuser des Dr.-Franz-Koch-Hofs vulgo Manhattan-Bauten sind weithin sichtbar.

Die zeppelin- oder linsenförmige Grünfläche in der Mitte der geteilten Straße war der Anger, eine gemeinschaftlich genutzte Grünfläche, die durch die Häuser rundum geschützt war. Heute stehen dort das Kriegerdenkmal, das „Hauptprostamt" (ein ehemaliges Postamt, das zum Lokal avanciert ist) nebst Schanigarten und ein schönes Ensemble von Steinstatuen aus dem Jahr 1775, deren Zentrum die auf eine Schlange tretende Maria Immaculata bildet.

Die Inschrift „Durch deinen Schlangen Tritt Krieg Pest und Noth verhütt" schildert ziemlich genau, womit Stammersdorf in seiner Geschichte beschäftigt war: Ungarn, Türken, Schweden und Franzosen setzten dem Ort zu (zu jüngeren Kriegszeiten gab es Rüstungsbetriebe und Flugabwehrstellungen), die Pest wütete. Nur das Feuer, das Stammersdorf nahezu vernichtet

hat, wird nicht erwähnt – der Brand fand erst 1850 statt. Die Heiligenfiguren haben ihm anscheinend standgehalten.

Wir wählen nun die schmale Liebleitnergasse hinauf zur **STAMMERSDORFER KIRCHE** ❶. Ein Blick ins Innere des imposanten Baus zeigt einen hübschen goldgetupften blauen „Himmel", auf dem sich diverse Heilige aus dem 18. und 19. Jahrhundert tummeln.

Wir umrunden die Kirche rechtsherum und gelangen in die Clessgasse, der wir nun nach links folgen, nicht ohne die stattlichen Häuser zu bewundern, die sie säumen. Es geht „dorfauswärts", wir queren die Hagenbrunner Straße, gleich danach ist linker Hand eine schöne Häuserzeile mit Jugendstilelementen zu bewundern. Gegenüber gibt's übrigens Wasser für durstige Zwei- und Vierbeiner.

Die Stammersdorfer Kirche ist dem heiligen Nikolaus geweiht. Er ist u. a. Schutzpatron der Reisenden und Seefahrer – die Donau ist schließlich nicht weit.

Der von nun an kopfsteingepflasterten Clessgasse folgen wir weiter, vorbei an alten Presshäusern, unter der Hochspannungsleitung hindurch. Beim Biohof Nr. 5 fällt die Gasse deutlich ab, tief eingeschnitten verläuft sie nun zwischen Lösswänden, die mit einer interessanten Fauna aufwarten. Unzählige kleine Löcher verraten die Brutstätten von Wildbienen.

Wir ignorieren alle Abzweigungen und gehen immer geradeaus weiter, weshalb wir uns nun in der Bründelgasse befinden. Was für eine Wein-Kathedrale! Ein geschlossenes Laubdach, links und rechts die Weinlager der wunderbaren **KELLERGASSE** ❷. Ein ganzes System davon ist in Stammersdorf zu finden, da kann man sich schon drinnen verlaufen. Damit das nicht geschieht, biegen wir rechts in die Untere Jungenberggasse ein und bei der zweiten Abzweigung links „In den kurzen Wiesthalen“. Die schönen Namen der Gassen leiten sich von den ursprünglichen Riedbezeichnungen her.

Kaum aus dem Hohlwegsystem heraußen, wandern

Ein stimmungsvoller Rastplatz findet sich am Weg zum Bisamberg immer – auch wenn gerade nicht „ausg'steckt" ist.

wir bergauf – und werden prompt mit einem wunderbaren Blick auf Wien belohnt. Wir spazieren auf der kopfsteingepflasterten Mini-Straße bis zu einer kleinen Parkmulde (links) und folgen dem sich nun auftuenden Pfad (Zaun rechts) in Gehrichtung weiter.

Wir gelangen auf eine Wiese und wenden uns auf dem nun breiteren Weg nach links. Bei einer Kreuzung ignorieren wir den Wegweiser des Stadtwanderwegs 5, der nach links unten zeigt, und gehen geradeaus bis zu einem Rastplatz mit einladender Holzmöblage. Sollte eine der Ruhebänke mit Top-Aussicht frei sein, dann nichts wie hin! Einen Schluck Wasser haben wir uns hier auf jeden Fall verdient.

Damit auch andere Ruhewillige zum Zug kommen, marschieren wir weiter, der Weg führt in einer Linkskurve leicht bergab zur Senderstraße. Vor dem

Berggasthof Magdalenenhof biegen wir rechts ab (grün-weiß-rote Markierung an einer Eiche) und spazieren am Forsthaus der Stadt Wien vorbei.

Danach geht es nicht links, sondern geradeaus über eine kleine Holztreppe auf die wunderbaren Wiesen des Bisambergs. Ein paar Schautafeln informieren über Gelände, Fauna und Flora – wir spazieren am Rand der Wiese gemütlich bergauf. Das sind die Sonnenterrassen Wiens! Vor allem im Frühling und Herbst lassen sich hier erste und letzte Wärmeeinheiten tanken. Und Kinder finden nebst Spielgeräten ausreichend Platz zum Drachensteigen: Ein Lüfterl – manchmal durchaus stärker – weht hier nämlich fast immer.

Wir schlendern am oberen Rand der Wiese nach Westen (also links weiter), bis rechter Hand das **EICHENDORFF-DENKMAL** ❸ auftaucht. Joseph von Eichendorff wanderte selbst einige Male über den Bisamberg, jetzt bewacht sein Denkmal die Grenze zu Niederösterreich, die wir gleich überschreiten. „Beim Dichter" geht es rechts auf den breiten Weg und unmittelbar (!) danach links auf einen Pfad, der uns durch den Wald Richtung Langenzersdorf führt. Für dieses Wegstück brauchen wir gute Schuhe, denn gegen Ende wird es steil.

Los geht's: Zu beiden Seiten des Weges ist der Boden von Wildschweinen durchpflügt, sehen werden wir mit großer Sicherheit keines. Im Herbst hängen hier überall die lustig frisierten Nüsschen der Waldrebe, ansonsten umgibt uns nur Blätterrauschen – und das ist gut so.

Wir kommen zu einer Kreuzung und wählen den linken Pfad abwärts – steil abwärts. Schon relativ weit unten vereinigt sich ein von rechts kommender Pfad mit unserem, der bei einem Schranken in die „Hohle Gasse" mündet. Rechter Hand zieht sich der sogenannte **VENUSGARTEN** ❹ den sonnenbeschienenen Hang hinauf. Ein tolles integratives Projekt und ein wunderbarer Rastplatz für all jene, die ein paar Extra-Schritte nicht scheuen.

Abstiegsvariante
Wer vom Bisamberg sanfter nach Langenzersdorf absteigen möchte, wandert beim Eichendorff-Denkmal geradeaus bergab und gelangt über den Klausgraben direkt in die Kellergasse. Von dort schlägt man sich, gestärkt durch das eine oder andere Achterl, zur Wiener Straße durch, auf der der Bus 850 alle 30 Minuten zurück nach Floridsdorf fährt.

Kultur und Genuss: Die Tour lässt sich mit einem Museums- oder Heurigenbesuch beenden – natürlich auch mit beidem.

Venus entlässt uns in den Rehgraben, und schon sind wir bei den ersten Häusern der Oberen Kirchengasse und beim **MUSEUM LANGENZERSDORF** ❺, das unter anderem Plastiken des bedeutenden Bildhauers Anton Hanak beherbergt, der von 1901 bis 1923 in Langenzersdorf lebte.

Wir gehen die Obere Kirchengasse weiter bergab, queren die Wiener Straße und gelangen über die Untere Kirchengasse schnurstracks zum Bahnhof, von wo wir per S-Bahn nach Wien zurückfahren. Das geht schneller, als so manche Straßenbahn-Fahrt innerhalb der Stadtgrenzen dauert. Ein Tipp für Netzkarten-Besitzer*innen: Vergessen Sie nicht, für die eine Station in Niederösterreich eine Karte zu lösen. Sonst könnte es teuer werden.

Top 5 auf dieser Route

01.
Kirche Stammersdorf
Die ursprünglich spätromanische Wehrkirche aus dem 12. Jahrhundert war Teil einer Burg, die den Bewohner*innen in turbulenten Zeiten Schutz bot. Sie wurde immer wieder zerstört (und wieder aufgebaut), zuletzt durch den Brand von 1850 – ihr wehrhafter Charakter ist aber erhalten.

02.
Kellergasse
Aus dem 17. Jahrhundert stammen die ersten Kellergassen, wie wir sie heute kennen: tief in den Lössboden gegrabene „Höhlen" mit Presshäusern und Weinlagern. Gepresst wird der Wein hier kaum mehr, ausgeschenkt schon: in Stammersdorf besonders während des „Mailüfterls" im Frühling und während der „Stürmischen Tage" im Herbst.

03.
Eichendorff-Denkmal
Das Denkmal für den Dichter Joseph von Eichendorff, der selbst ein passionierter Wanderer war, stammt aus dem Jahr 1957, ist also noch relativ jung. Die Steine, die dafür verwendet wurden, kamen aber schon früher zum Einsatz – sie waren ursprünglich Teil eines Heldendenkmals aus dem Ersten Weltkrieg. Gutes Recycling!

04.
Venusgarten
2017 wurde hier gemeinsam mit Flüchtlingen ein alter Obstgarten revitalisiert. Namensgeberin war die ca. 6800 Jahre alte „Venus von Langenzersdorf", die in den 1950ern nicht weit entfernt gefunden wurde. Ihre Kopie ist im Museum zu bewundern, der Garten samt Bienenstöcken jederzeit – u. a. auch im Rahmen diverser pädagogischer Projekte.

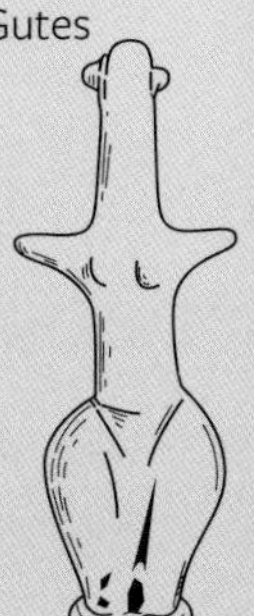

05.
Museum Langenzersdorf
Das Museum zeigt Artefakte der Lengyel-Kultur, der auch die „Venus" entstammt, Bildhauerarbeiten von Anton Hanak (1875–1934), einiger seiner Schüler*innen, von Siegfried Charoux (1896–1967) und das originale Tonstudio des Komponisten und Elektronik-Pioniers Max Brand (1896–1980). Ein Muss für Synthesizer-Fans!

12

Von den Hütteldorfer Wiesen über die Werkbundsiedlung zur Friedensstadt

Die Wiesenreiche

12

Steile Treppen. Weite Wiesen. Architektonische Avantgarde.

Charakter der Tour
Die Höhenmeter stecken bei dieser Tour in einer Treppe und in wiesenüberzogenen Hügeln. Den Buggy sollten Sie also zu Hause lassen, Vierbeiner hingegen werden ihre Freude haben.

NATUR

STADT

KINDER

BUGGY

HUNDE

VERKEHRSANBINDUNG:
Start: U4, Endstation Hütteldorf (auch viele Züge der S-Bahn, ÖBB und Westbahn halten hier)
Ziel: Bus-Linie 56A oder 56B, Station Dr.-Schober-Straße

Wir starten bei der **ENDSTATION DER U4 IN HÜTTELDORF** (1) und verlassen diese über den Hintereingang (in diesem Fall: -ausgang) Richtung Hadikgasse. Der Hackinger Steg bringt uns über den Wienfluss und den Hietzinger Kai.

Drüben empfängt uns die Lilienberggasse, wir folgen ihr aufwärts und queren dabei Auhofstraße und Vinzenz-Heß-Gasse. Die Lilienberggasse wird zur Treppe und links am Pfeiler die rote Markierung zur Orientierungshilfe. Wir steigen weiter hinauf, über die Seuttergasse hinaus. An der Erzbischofgasse geht es rechts durch einen kleinen Park mit einem Gedenkstein für den Dichter Max Mell (1882–1972), der ein begeisterter Anhänger des Austrofaschismus und Sympathisant der Nationalsozialisten war. Der Park trägt seinen Namen – historisch wäre das zumindest diskutabel. Nach dem Park geht's die Erzbischofgasse entlang bis zur „absoluten" Challenge auf dieser Tour, der Markwardstiege.

Auf rund 438 Stufen (man verzählt sich garantiert bei der Überprüfung!), also minimaler Strecke, überwindet man 68 Höhenmeter. Wir schnaufen hinauf – daran denkend, dass hier jedes Jahr Treppenläufe veranstaltet werden: In 35 Minuten soll man möglichst oft hinauf- und hinunterlaufen – wir belassen es bei einem Mal und holen oben tief Luft.

NIKOLAITOR
LAINZER TIERGARTEN
AM HIMMELHOF
OBER-ST.-VEIT
ADOLFSTOR
HUBERTUSTOR
ROTER BERG
ST. VEITER TOR
LAINZER TOR
:20.000
250
500
750
1000 m
N
W
O
S
1
2
3
4
5

Jenseits des rot-weiß-roten Schrankens beginnt ein breiter, von jungen Linden gesäumter Schotterweg. Bänke laden zur Rast, wir gönnen uns nach dem Anstieg eine kurze – und zumindest einige Schlucke Wasser. Bereits ein paar Meter nach dem Schranken (hinter der dritten Linde) zweigt links ein – parallel zum knapp darunter liegenden Carolaweg verlaufender – Wiesenpfad ab. Den nehmen wir! Die Wiese ist wunderbar: Im Mai und Juni blühen hier die blasslila Witwenblume, der leuchtend gelbe Wiesen-Bocksbart, der dunkelviolette Wiesensalbei und die rosa Esparsette, etwas später das gelbe Habichtskraut und die purpurfarbene Skabiosen-Flockenblume und im Frühherbst die schönen Herbstzeitlosen. Wir spazieren durch einen Laubgürtel, der links wie durch ein Fenster den Blick auf den Platzhirschen von Hütteldorf freigibt – das **ALLIANZ-STADION** 2 des SK Rapid.

Unser Pfad führt durch das Wäldchen weiter und leicht bergab, wieder liegt eine Wiese vor uns. Erst geht es geradeaus, dann rechts aufwärts, vorbei an Tischen und Bänken. Am oberen Ende der Wiese tauchen wir in den Wald ein, wenden uns bei der Abzweigung nach rechts, nach ein paar Metern geht es links durch ein „Tor" im Gebüsch wieder eine Wiese hinauf – bis ganz nach oben zu einer Feuerstelle. Dort treffen wir auf die Mauer des Lainzer Tiergartens, deutlich sehen wir ein Graffiti durch die Blätter leuchten.

Wir aber drehen uns noch einmal um: „Ganz Wien", möchte man Falcos Song aus dem Jahr 1982 zitieren, liegt unter uns. Und es braucht gewiss kein „Kokain und Kodein, Heroin und Mozambin", allein der Blick macht high. Himmelhof nennt man diese Wiesen zurecht, zwischen 1949 und 1980 gab es hier sogar eine Skisprungschanze – und im Winter vermutlich auch noch ausreichend Schnee.

Beim Graffiti biegen wir links ab und spazieren immer der Mauer entlang, bis uns die rote Markierung wiederum nach links weist. Nun geht's wirklich steil

Hitze-Variante

An sehr heißen Sommertagen empfiehlt es sich, beim Schranken oberhalb der Markwardstiege den breiteren Weg geradeaus zu nehmen. Er führt – immer gut beschattet – an der Tiergartenmauer entlang bis zur Matraswiese.

Im Spätherbst wird in den Gärten entlang der Tiergartenmauer eingewintert – auch der Gartenzwerg.

bergab, unter der Hochspannungsleitung hindurch. Obacht: Wir teilen uns diesen Weg mit den Mountainbikern auf der Strecke um den Lainzer Tiergarten. Bei einem respektvollen Umgang mit dem jeweils anderen wird es zu keiner Kollision kommen. Am Ende des steilen Abschnitts, kurz vor einer kleinen Brücke, könnte das Adolfstor in den Lainzer Tiergarten führen – tut es aber nicht, denn es ist versperrt. Seinen Namen hat es übrigens seit 1894, es ist nach einem Wiener Stadtrat benannt und nicht nach DEM Adolf. Weiter geht es, immer der Mauer entlang. Rechts haben Schulkinder im Jahr 1991 ihre Mauergemälde signiert, Brombeerstauden sind darübergewachsen – im Hochsommer lässt es sich hier gut ernten.

Die Tiergartenmauer macht einen Knick nach rechts, wir folgen ihr weiter, passieren linker Hand eine Schnittholz-verkleidete Hütte und gleich danach einen überdimensionalen Gartenzwerg. Die folgende Abzweigung lassen wir links liegen und nehmen nach einer Bank den linken Weg „ins Freie“. Wir entdecken, zwar in der Ferne, aber auf dem Präsentierteller, den von Harry Glück gebauten Wohnpark Alt-Erlaa. Glück empfinden wir auch auf der Wiese, die nun vor uns liegt: Im Sommer zirpen hier nämlich die **GRILLEN** 3 auf ohrenbetörende Weise. Über die sogenannte Matraswiese wählen wir den Pfad abwärts.

An ihrem Ende geht es rechts an zwei noch recht ursprünglichen Schrebergartenhäuschen vorbei, dann leicht abwärts auf die Schweizertalstraße, der wir nach links folgen. Nun haben wir einige Schikanen zu absolvieren: Prehausergasse rechts bis Ghelengasse, diese links bis Seifertgasse, diese wiederum rechts bis Cranachstraße, diese bis Veitingergasse, auf selbiger links und immer geradeaus. Beim Betrachten des

Tipps

Wien per pedes

Gehen die Wiener*innen gern zu Fuß?
Ja, tun Sie! Wir fragen das alle zwei Jahre in einem großen Sample ab – und die Ergebnisse zeigen stets, dass zwischen 60 und 80 Prozent gerne zu Fuß unterwegs sind. Bei der letzten Befragung hat allerdings die Zufriedenheit mit der Infrastruktur etwas abgenommen. Dass die Menschen kritischer geworden sind und höhere Ansprüche an den öffentlichen Raum stellen, ist aber ein positives Signal.

Was wünschen sich die Fußgänger*innen in Wien?
Bänke, Bäume, Brunnen – die stehen hoch im Kurs. Und öffentliche Toiletten. Das hat sich besonders während der Pandemie herauskristallisiert, wo Spazierengehen zur wichtigen Freizeitbeschäftigung geworden ist. Schön grün sollen die Wege sein und nicht zu einsam. Bei der Straßeninfrastruktur sind lange Grünphasen an Ampeln gefragt, zudem möchte man seine Fußwege nicht mit Scootern oder Fahrrädern teilen müssen. Gute und sichere Straßenquerungen sind Thema: mehr Zebrastreifen, Fahrbahnteiler – und die Einhaltung der Fahrgeschwindigkeit der Autos.

Wien ist also eine Stadt für Fußgänger*innen?
Ja, denn Wien ist eine kompakte Stadt mit einer guten Durchmischung von Wohnen, Arbeit und Freizeit – die Wege sind verhältnismäßig kurz. Wien definiert sich – berechtigterweise – auch als Öffi-Stadt: Es gibt einfach guten und günstigen öffentlichen Verkehr. Ohne Fußweg käme aber niemand zu den „Öffis" – die beiden Verkehrsmodi gehören deshalb gleichermaßen gefördert. Dazu gehört auch, die Wege zum öffentlichen Verkehr aufmerksamer zu behandeln. Es muss komfortabler werden, zur Haltestelle zu gelangen und dort zu warten.

Und zum Schluss ein Tipp für genüssliches Gehen in Wien …
Es gibt kostenfreie Services, die das Zu-Fuß-Gehen in unserer Stadt spannend machen: die Website wienzufuss.at, unsere gratis Fußwegekarte und die wienzufuss-App. Ich persönlich liebe die Wiener Wege am Wasser, an der Alten Donau, am Donaukanal. Und ich behalte gern den Überblick: Die Wienerwald-Berge, aber auch Brücken sind dafür ideal.

PETRA JENS, Beauftragte für Fußverkehr
bei der Mobilitätsagentur Wien
wienzufuss.at

Häuser-Sammelsuriums entlang der kurzen Straßen-Wegstrecke mag man noch nicht recht glauben, dass uns gleich bahnbrechende avantgardistische Architektur erwartet. Im Zwickel zwischen Veitinger- und Jagdschlossgasse bis zur Jagicgasse liegt die **WERKBUNDSIEDLUNG** **4**, die es allemal wert ist, besucht zu werden. An einem klaren Tag und mit Blick gegen den blauen Himmel wird man angesichts der weißen Häuser mit ihren klaren Formen und gebogenen Geländern an die Weiße Stadt in Tel Aviv erinnert – und das, obwohl der leitende Architekt der Siedlung, Josef Frank, dem Bauhaus-Stil skeptisch gegenüberstand. Trotzdem: ein Hauch des Internationalen Stils in Wien XIII.

Im blätterlosen Winter hat man am Weg der Tiergartenmauer entlang die Stadt immer wieder im Blick.

Wir reißen uns los und verlassen die Siedlung, indem wir die Jagdschlossgasse bei der Apotheke queren und der Gobergasse bergauf folgen. Hier ist es vorbei mit dem architektonischen Zauber, wir lassen uns wieder auf eine „Straßen-Schikane“ ein: Gobergasse bis Novalisgasse, diese rechts, sie mündet in eine Wiese, die wir links abwärts bis zur Wlassakstraße durchqueren. Dort wenden wir uns nach rechts und spazieren auf dem Grünstreifen geradeaus, nehmen an dessen Ende die linke Fahrbahn der geteilten Straße in dieselbe Richtung und biegen zwischen Steinpfeilern

Bahnbrechende Architektur anno 1932: Für die Werkbundsiedlung sollte man sich etwas Zeit nehmen.

links ab. Ein Weg führt aufwärts an ein paar Schrebergartenhäusern vorbei, die vermutlich aus der Entstehungszeit der Werkbundsiedlung stammen. Wir queren die Joseph-Lister-Gasse und steuern auf eine Bank am gegenüberliegenden Wiesenhang zu.

Der Weg führt hinter der Bank vorbei und dann bis zu einem Schild – es informiert uns darüber, dass wir nun den Hörndlwald betreten. Wir marschieren schön schattig immer geradeaus auf dem Friedensstadtweg (die beiden Kreuzungen kümmern uns nicht), der in die Friedensstadtgasse mündet. Auf ihr gelangen wir zur Friedenszeile, wo wir uns nach links wenden. Auf dem Grünstreifen zu unserer Rechten blitzt uns die goldene Kugel des **FRIEDENSSTADT-DENKMALS** 5 entgegen.

So viel „Frieden" braucht Erklärung: Die Siedlung Friedensstadt ist das Ergebnis einer „Landnahme". 1920 besetzten wohnungslose Kriegsinvaliden das zum Lainzer Tiergarten gehörende Areal und errichteten

Prominent besetzt

Im Baubüro der „Ersten gemei nützigen Siedlungsgenossenschaft der Kriegsinvaliden Österreichs" arbeiteten unter anderem Margarethe Schütte-Lihotzky und Oskar Strnad. Die legendäre Pädagogin und Woh täterin Eugenie Schwarzwald eröffnete in der Friedensstadt die erste ihrer Gemeinschafts- und Ausspeisungsküchen, dere Speiseräume ebenfalls von Loc gestaltet waren.

einige illegale Gebäude. Die Wohnungsnot war enorm, das Gelände wurde zur Bebauung freigegeben. Die Pläne dafür lieferte Adolf Loos, damals Leiter des Siedlungsamtes. Loos' sachlicher Plan fand unter konservativen Beamt*innen und den Siedler*innen allerdings wenig Gefallen, er wurde nur in modifizierter Form umgesetzt.

Wir lassen auf dem Weg mitten durch die Grünfläche der Hermesstraße stadteinwärts die Siedlung noch etwas auf uns wirken – und den schönen alten Baumbestand, der einst zum Lainzer Tiergarten gehörte. An der Haltestelle des 56A und 56B springen wir in den Bus – er bringt uns nach Hietzing zur U4.

Top 5 auf dieser Route

01. Bahnhof Wien Hütteldorf

Der Bahnhof Hütteldorf wurde 1858 als Station der KEB (Kaiserin-Elisabeth-Bahn) eröffnet. Die heutigen, von Otto Wagner geplanten Stationsgebäude stammen aus dem Jahr 1896 und wurden im Zuge der Errichtung der Stadtbahn gebaut. Das alte Gebäude wurde 1898 abgerissen.

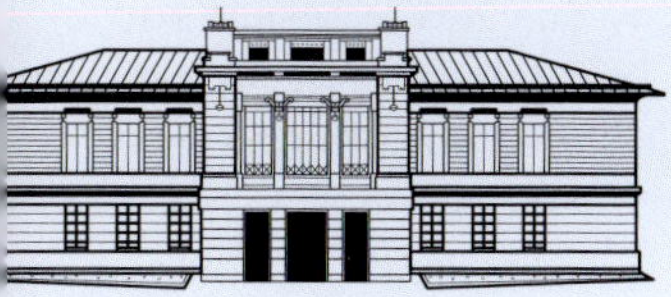

02. Allianz-Stadion

Die Heimstätte des SK Rapid, in der über 24.000 Besucher*innen Platz haben, wurde zwischen 2014 und 2016 errichtet. Viel schöner war die Bezeichnung des Vorgängerbaus: Das Gerhard-Hanappi-Stadion trug ab den 1980ern den Namen seines Architekten, der noch dazu 14 Jahre bei Rapid gespielt hatte.

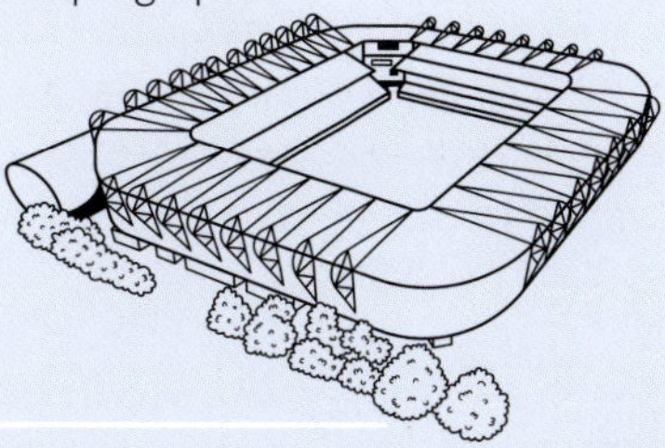

03. Grillen

Unüberhörbar auf den Wiener Wiesen sind im Sommer die Grillen. Die männlichen Insekten erzeugen den Ton über eine gezähnte Schrillader am rechten Vorderflügel, die am linken Vorderflügel reibt. Sie locken damit Weibchen an und begrenzen ihr Revier. Diese Art der Geräuscherzeugung wird Stridulation genannt.

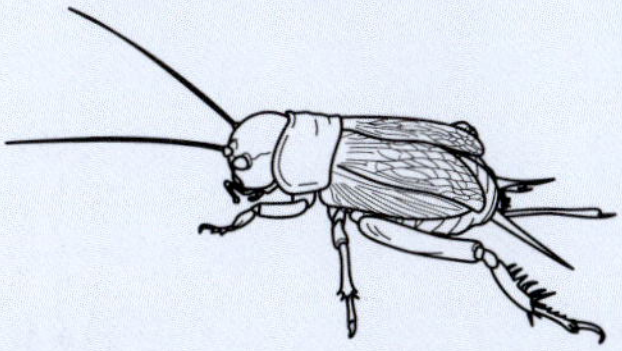

04. Werkbundsiedlung

33 Architekt*innen entwarfen ca. 70 Siedlungshäuser, die in einer Bauausstellung 1932 eröffnet wurden. Mit ihrer zeilenförmigen oder freistehenden Form stellten sie Grundtypen eines zukunftsweisenden Siedlungsbaus dar. In der Woinovichgasse 32 gibt es einen Infopoint – gut als Anleitung zum Durchspazieren.

05. Denkmal Friedensstadt

Das vermutlich ebenfalls von Adolf Loos geplante Denkmal mit der goldenen Kugel wurde 1921 errichtet. Loos' Name und die Namen der übrigen Verantwortlichen und im „Siedlerverein" verdienten Persönlichkeiten sind auf dem Denkmal eingraviert.

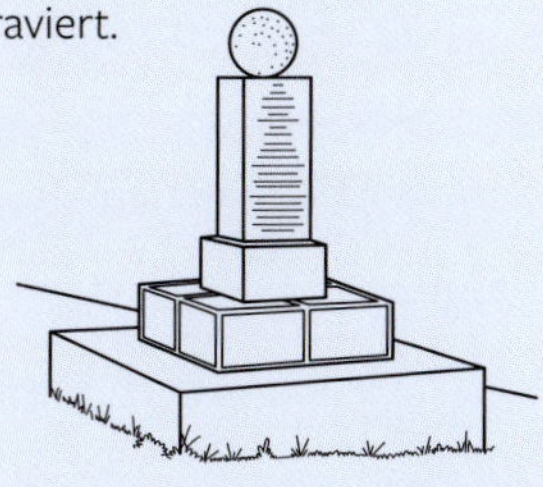

19., Nußwaldgasse

13

Auf grünen Pfaden von Währing nach Döbling

Die Bürgerliche

Blicke in die Sterne. Grüße aus der Fremde. Relikte aus der Vergangenheit.

Charakter der Tour
Park-Hopping durch die beeindruckenden Grünanlagen der bürgerlichen Bezirke bis zum wohl bekanntesten Gemeindebau der Stadt.

NATUR ▬▬▬
STADT ▬▬
KINDER ▬▬▬▬
BUGGY
HUNDE ▬▬▬▬

(Hundeverbot im Sternwarte- und Setagayapark)

VERKEHRSANBINDUNG:
Start: Bim-Linien 40/41, Station Aumannplatz
Ziel: Bim-Linie D, S45, U4, Bus-Linien 5B/10A/11A/38A/39A (sowie diverse andere Bus- und Bahnlinien), Station Heiligenstadt

Ein Park ist ein visionäres Projekt, denn seine ganze Pracht zeigt er erst lange nach dem Tod derjenigen, die ihn gestaltet haben. Er ist ein Vorhaben, das nicht auf den schnellen Erwerb von Meriten abzielt, ein Geschenk an die Nachwelt, Versprechen an die Zukunft. – Zu solcherart philosophischen Gedanken verleitet unsere Tour, die am Währinger Aumannplatz beginnt.

Wir biegen von dort in die Türkenschanzstraße ein und spazieren, vorbei an hübschen schmiedeeisernen Bürgerhäuser-Balkonen, zur Haizingergasse. Gegenüber wartet, abgeschirmt durch eine Backsteinmauer, bereits die erste Grünoase. Das große Tor ist fest verschlossen, neben dem kleineren auf der rechten Seite befindet sich ein Türtaster: Ein kurzes Drücken – und wir werden in die verwunschene Welt des Sternwarteparks eingelassen. Erst seit 2013 ist das ca. sechs Hektar große Naturdenkmal öffentlich zugänglich (Öffnungszeiten beachten!), die 120 Jahre davor verbrachte der Park im Dornröschenschlaf – gut für Fauna und Flora. Eine rotweiße Markierung führt uns über einige Treppen zur **UNIVERSITÄTSSTERNWARTE** (1), deren Kuppeln, vier an der Zahl, gar nicht alle auf einmal zu erfassen sind, so mächtig ist das vom Architektenduo Fellner und Helmer zwischen 1874 und 1879 errichtete Gebäude – übrigens weltweit das größte seiner Art.

Wir lassen uns von der Markierung in einem Bogen zum zweiten Ausgang führen und landen auf der

1:20.000
0
250
500
750
1000 m
UNTERDÖBLING
HEILIGENSTADT
OBERDÖBLING
GERSTHOF
WÄHRING
1
2
3
4
5
N
W
O
S

Sternwartestraße. Ihr folgen wir links bis zum Josef-Kainz-Park, den wir der Länge nach durchqueren. In seiner Mitte steht ein Denkmal für den berühmten österreichischen Schauspieler (1858–1910). Über Jahrzehnte verlieh die Stadt Wien einen nach ihm benannten Preis an verdiente Vertreter*innen der Schauspiel-Zunft.

Flugs die Hasenauerstraße gequert und schon stehen wir vor dem mit einem schönen Jugendstilgitter eingefassten Türkenschanzpark. Sein Name geht auf eine Schanzanlage der Osmanen während der Ersten oder Zweiten Türkenbelagerung zurück – da gibt es unterschiedliche Quellen.

Viel interessanter ist aber die Entstehungsgeschichte des Parks – mit den durchaus modernen Planungsansätzen: „... aber es sei [auch] Pflicht, jetzt schon, so lange der Grund und Boden nicht unerschwingliche Preise erreicht habe, Vorsorge zu treffen, um der in ihrer Entwicklung nach Westen drängenden Stadt einen Ersatz für das zu bieten, was sie durch ihre Raumvergrößerung an licht- und luftfreiem Raume verlor." So der Architekt Heinrich von Ferstel bei der konstituierenden Sitzung des „Comités zur Errichtung eines öffentlichen Parks auf der Türkenschanze". Ferstel war nicht gegen die notwendigen Baumaßnahmen der wachsenden Stadt, aber er wollte Grünland erhalten – und erwies sich damit eindeutig als Klimaschützer. 1888, rechtzeitig zum 40-jährigen Regierungsjubiläum Kaiser Franz Josephs, wurde der Park fertiggestellt, damals war er allerdings erst fünf Hektar groß. Teil zwei kam 1908 oder 1910 dazu – auch da scheiden sich die Geister.

Vierbeiner-Info
Obwohl im Sternwartepark, im Setagayapark und in Teilen des Wertheimsteinparks (ehem. „Blindengarten") Hundeverbot ist, haben die Vierbeiner auf dieser Tour ihren Spaß. Es gibt ausreichend „Huzos".

Wir gehen jetzt endlich los, biegen bei der ersten Gelegenheit rechts ab und halten uns beim Arthur-Schnitzler-Denkmal links. Wir möchten nämlich den Hügel mit der Paulinenwarte erklimmen. Geöffnet ist der hübsche Rundbau nur selten, die Bänke stehen aber immer da und laden zum Innehalten ein. Für uns geht es über die Brücke hinter der Warte weiter, wir steuern den **TÜRKISCHEN BRUNNEN** (2) an.

Als Symbol der türkisch-österreichischen Verbundenheit passt er gut an einen Ort, an dem man einst gegeneinander kämpfte. Rund um den Brunnen gibt es Jahr für Jahr einen stimmungsvollen Christkindlmarkt.

Wir spazieren in einem sanften Linksbogen am Zaun entlang und nehmen den nächsten Ausgang rechts. Auf der gegenüberliegenden Seite der verkehrsreichen Peter-Jordan-Straße (im Zweifelsfall ein Stück zurückgehen und beim Zebrastreifen queren) liegt das Wilhelm-Exner-Haus, das Hörsäle und die Bibliothek der Universität für Bodenkultur, kurz Boku, beherbergt. Ursprünglich war das Gebäude ein Spital, seinen Namen hat es von Wilhelm Exner, der unter anderem auch Rektor der Boku war. Am sichtlich noch der historischen Bausubstanz zugehörigen „Wartehäuschen" der Buslinie 40A biegen wir rechts in die Borkowskigasse ein, an deren Ende sich das idyllisch gelegene „Salettl" als Partylocation anpreist.

Wir aber feiern einmal mehr die Wiener Grünoasen, indem wir den angrenzenden Hugo-Wolf-Park betreten. Er liegt an einer Geländekante, die von der Hartäckerstraße zur Krottenbachstraße abfällt. An der ersten Abzweigung biegen wir rechts ab und folgen dem Weg im Zickzack abwärts zum Gemeinschaftsgarten. Hunde sollten mit ihrem Geschäftchen warten, denn gleich danach finden sie eine (uneingezäunte!) Auslaufzone. Wir halten uns rechts und spazieren zwischen schönen Föhren und vorbei an der Bronzeskulptur „Brüderlein und Schwesterlein" von Franz Waldmüller zu einem von elf noch existierenden sogenannten Familienbädern – als „Kinderbäder" entstanden sie ursprünglich auf Initiative des Roten Wien zur Vorbeugung von Lungenkrankheiten. Dieses hier stammt aus dem Jahr 1929.

Wir wandern rechts davon aufwärts aus dem Park hinaus, dann einige Meter links auf der Hartäckerstraße und biegen gleich wieder links in die Telekygasse ein. Ihr folgen wir durch die Siedlung aus den 1950ern, in der einige wunderschöne schlichte Flachbauten

Türkenschanzpark
15 Hektar Glück, so könnte man diesen Landschaftsgarten beschreiben. Die Teiche werden von Wasservögeln durchpflügt, hie und da steht ein Reiher am Ufer. Es gibt ausreichend Sitzgelegenheiten, die meisten Wiesen dürfen betreten werden, Spielplätze und Hundezonen ziehen Familien und Vierbeiner-Bändiger*innen an, kleine Sportanlagen gibt es auch. Und ein Café.

Immer für ein Date gut – das „Salettl" am oberen Ende des Hugo-Wolf-Parks.

dem Trend zu neuen Mehrparteienhäusern trotzen. An der nächsten Kreuzung führt ein Weg steil abwärts bis auf die nicht wirklich charmante Krottenbachstraße. Auf ihr gehen wir rechts, dann geradeaus bis zur gleichnamigen S-Bahn-Station und auf der gegenüberliegenden Straßenseite weiter bis zum Gemeinschaftsgarten Wildbiene. Zwischen Beeten, auf denen auch noch im Spätherbst wilde Malven blühen, gelangen wir in den Karl-Fellinger-Park, der uns, indem wir uns an seinem rechten Rand halten, zur Billrothstraße bringt. Wir queren diese, nehmen die Silbergasse nach links und biegen bei einer als Naturdenkmal geschützten Libanon-Zeder rechts in den Max-Patat-Weg ein.

Leicht unterhalb des Straßenniveaus schlendern wir an der Rückseite der **ZACHERLFABRIK** **3** vorbei, deren orientalisch anmutende Architektur auch von hier erkennbar ist. In der Nusswaldgasse, die parallel zu unserem Weg verläuft (und einen Abstecher wert

ist), zeigt sie ihre schöne Fassade. Die Fabrik wurde bis vor einigen Jahren als Ausstellungs- und Veranstaltungsort genutzt – aufgrund behördlicher Auflagen war das schließlich nicht mehr möglich. Sehr schade! Wir folgen weiter dem lauschigen Weg, der in eine Art grüne Plaza mündet, mit mächtigen Platanen und einer schönen Brunnenskulptur in der Mitte.

An der Döblinger Hauptstraße tauchen wir „an die Oberfläche", queren und gehen links zur Barawitzkagasse. Dort, wo in den 1920ern die „Dreamland Filmfabrik" Träume auf Celluloid bannte, liegen heute ein Seniorenheim und der Setagayapark. Der kleine japanische Garten entstand aufgrund einer „Bezirkspartnerschaft" zwischen Tokio und Wien (der 19. Bezirk der japanischen Hauptstadt heißt Setagaya). In der japanischen Gartenkunst wird nichts dem Zufall überlassen – selbst der Reiher, der fallweise das Geländer des Teehauses als Ausguck nutzt, wirkt, als hätte

Haus Knips
Gleich neben der Zacherlfabrik hat Josef Hoffmann 1924/25 ein Gartenhaus für die Familie Knips gebaut. Es besticht durch seine sternförmigen Fenster- und die in regelmäßigen Abständen angebrachten Putzelemente. Sonja Knips, die das Haus hauptsächlich bewohnte, ist auf einem Gemälde von Gustav Klimt im Oberen Belvedere zu bewundern.

man ihn geplant. Falls Sie im Winter unterwegs sind und der Garten geschlossen sein sollte, kommen Sie bitte noch einmal wieder. Das ist ein Zauberort!

Zurück in der Döblinger Hauptstraße überqueren wir die Bahngleise und nehmen links den Eingang in den Wertheimsteinpark. Die Reste des Krottenbachs bilden in diesem tief gelegenen Areal einen kleinen Teich, den wir allerdings links liegen lassen und stattdessen rechts zur **VILLA WERTHEIMSTEIN** ④ spazieren, die heute das Bezirksmuseum Döbling beherbergt.

Die Hinterseite des Hauses öffnet sich zur riesigen Parkanlage, die den Blick Richtung Osten bis jenseits des Donaukanals freigibt. Hier dreimal durchzuatmen und die wunderbaren Sichtachsen zu genießen, sei dringend angeraten.

Vorbei am Denkmal für Franziska von Wertheimstein gelangen wir am rechten Rand des Parks schließlich zu einem abgezäunten Gelände, das ab 1959 ca. 20 Jahre lang als „Blindengarten“ fungierte. Ein Leitsystem im Boden und Beschilderungen in Brailleschrift brachten die Besucher*innen zu einem eigens adaptierten Bereich, in dem es in abgezirkelten Karees duftende Pflanzen zum Angreifen gab, einen Akustikbrunnen und ein Klubhaus mit Boxen für die Blindenhunde. Ziel war es, den Parkbesuch ohne „sehende“ Begleitung möglich zu machen. Die Anlage wurde nach und nach abgetragen, einzig die Karrees samt Geländer blieben und bieten heute Mauereidechsen und Wildbienen Unterschlupf.

Wir verlassen den ehemaligen Blindengarten und mäandern „talwärts“ zur nordöstlichsten Ecke des Wertheimsteinparks. Tankstellen und Gewerbebetriebe säumen die laute Heiligenstädter Straße, auf der wir ein kurzes Stück stadtauswärts marschieren. Wir queren bei der Barawitzkagasse, nehmen die Gunoldstraße und bei erster Gelegenheit links die Boschstraße. An der Ecke Geistingergasse betreten wir das Universum **KARL-MARX-HOF** ⑤. Der über einen Kilometer lange, wohl berühmteste Gemeindebau Wiens hat

Franziska von Wertheimstein
Die letzte Privatbesitzerin des Anwesens lebte von 1844 bis 1907. Im Park ist ihr ein Gedenkstein mit Inschrift gewidmet – übrigens eines der ersten Denkmäler für eine Frau auf Wiener Boden.

1,2 Kilometer lang ist der Karl-Marx-Hof. Ihn ganz „abzugehen", benötigt noch ein paar Extra-Schritte.

Geschichte – und beim Thema Grünraum die Nase vorn: Nur ca. 23 Prozent des Geländes sind verbaut, der Rest sind großzügige Freiflächen. Im Herzen der beeindruckenden Wohnanlage, im 12.-Februar-Park, kommen wir zum Ende unserer Tour. Das Datum im Namen erinnert daran, dass der Karl-Marx-Hof, wie viele andere Gemeindebauten, im Februar 1934 Schauplatz blutiger Auseinandersetzungen zwischen sozialdemokratischen Arbeiter*innen und Christlichsozialen war.

Wir spazieren die letzten paar Schritte zum Bahnhof Heiligenstadt durch einen der massiven Torbögen – nicht ohne einen Blick nach oben: Die in luftiger Höhe angebrachten Skulpturen von Josef Riedl verkörpern Freiheit, Fürsorge, Aufklärung und Körperkultur. Eine „wilde Mischung"? Mag sein, aber all dies unter einen Hut gebracht, wäre vermutlich die Lösung für so manches aktuelle gesellschaftspolitische Problem.

Top 5 auf dieser Route

01. Universitätssternwarte

Das Observatorium wird vom Institut für Astrophysik betrieben. Im Rahmen von Führungen können die Einrichtungen besucht werden, auch das kleine astronomische Museum. Die Astronomie hat in Wien übrigens Tradition: Vorlesungen „über Himmel und Erde" gab es bereits ab 1391.

02. Türkischer Brunnen

Der Brunnen ist Yunus Emre gewidmet, einem dem Humanismus verpflichteten Volksdichter und Mystiker aus dem 13. Jahrhundert. 1991 wurde der kachelverzierte Brunnen vom türkischen Botschafter als Zeichen für das Verbindende zwischen der Türkei und Österreich an den damaligen Bürgermeister Helmut Zilk übergeben.

03. Zacherlfabrik

Aus dem Jahr 1890 stammt die Fabrik der Industriellenfamilie Zacherl, die ihr Vermögen mit dem Import des „Zacherlins" machte (für dieses Insektenpulver wurden die Blüten der Kaukasischen Insektenblume in Tiflis vermahlen und nach Wien exportiert). Der orientalische Stil des Gebäudes verweist darauf, dass das Produkt auch als „persisches Pulver" angepriesen wurde.

04. Villa Wertheimstein

1867 ersteigerte die Familie Wertheimstein die Biedermeiervilla aus dem Nachlass des Kunstsammlers und Industriellen Rudolf von Arthaber. Josephine von Wertheimstein unterhielt darin ihren berühmten „Salon". Ihre Tochter Franziska vermachte Villa samt Park der Stadt Wien – mit der Auflage, ihn für die Öffentlichkeit zugänglich zu machen.

05. Karl-Marx-Hof

1.382 Wohnungen umfasste der Bau des Otto-Wagner-Schülers Karl Ehn nach seiner Eröffnung im Oktober 1930. Dazu zwei Wäschereien, zwei Kindergärten, eine Bibliothek und ein Jugendheim, ein Krankenkassenambulatorium, eine Zahnklinik, eine Apotheke, ein Postamt und diverse Geschäftslokale.

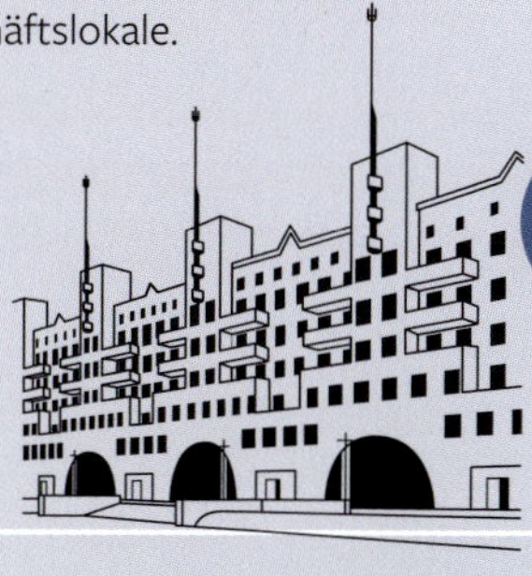

14

Im Zentrum von Simmering

Die Unbekannte

14

Altes Leben. Rasantes Bauen. Neues Wohnen.

Charakter der Tour
Auf flachen Wegen führt diese durchwegs urbane Tour durch Alt-, Neu- und Ganz-neu-Simmering. Eine Runde der großen Kontraste.

NATUR

STADT

KINDER

BUGGY

HUNDE

(Hundeverbot am Simmeringer Friedhof)

VERKEHRSANBINDUNG:
Start und Ziel: U3, Station Enkplatz

Waren Sie schon einmal in Simmering spazieren? Nein? Dann kommen Sie mit! An der U3-Station Enkplatz und über den gleichnamigen Ausgang steigen wir an der Simmeringer Hauptstraße aus dem „Untergrund", drehen uns um 180 Grad und haben die Neusimmeringer Kirche formatfüllend im Blick. Wo Ende des 19. Jahrhunderts noch Marktstandler*innen ihre Waren anboten, wurde zwischen 1907 und 1910 nach den Plänen von Hans Schneider ein Gotteshaus errichtet, das 2.800 Menschen Platz bietet. Geschuldet war dies dem rasanten Bevölkerungszuwachs ab der Eingemeindung im Jahr 1892, die nicht zuletzt aufgrund der Industrialisierung stattfand: In Simmering gab es Fabriken und Arbeit.

Wir finden den neoromanischen Bau jedenfalls etwas zu mächtig geraten – vielleicht könnte man ihm etwas Platz verschaffen, indem man die Autos nicht mehr rundherumfahren ließe. Nur so eine Idee ...

Wir spazieren zwischen Kirche und Bezirksamt (nebst -museum) Richtung Sedlitzkygasse. Dort links und dann rechts durch die Greifgasse gelangen wir zur ehemaligen städtischen Brückenwaage, die am hier einst „blühenden" Viktualienmarkt ihren Dienst tat. Heute befinden sich im anschließenden Gebäude, das einem kreisförmigen Diamagazin ähnelt (wer so etwas noch kennt), die Volkshochschule, die Musikschule und die städtische Bücherei.

Mit einem Kirchenbau allein war es für die zahlreicher werdende Simmeringer Bevölkerung nicht

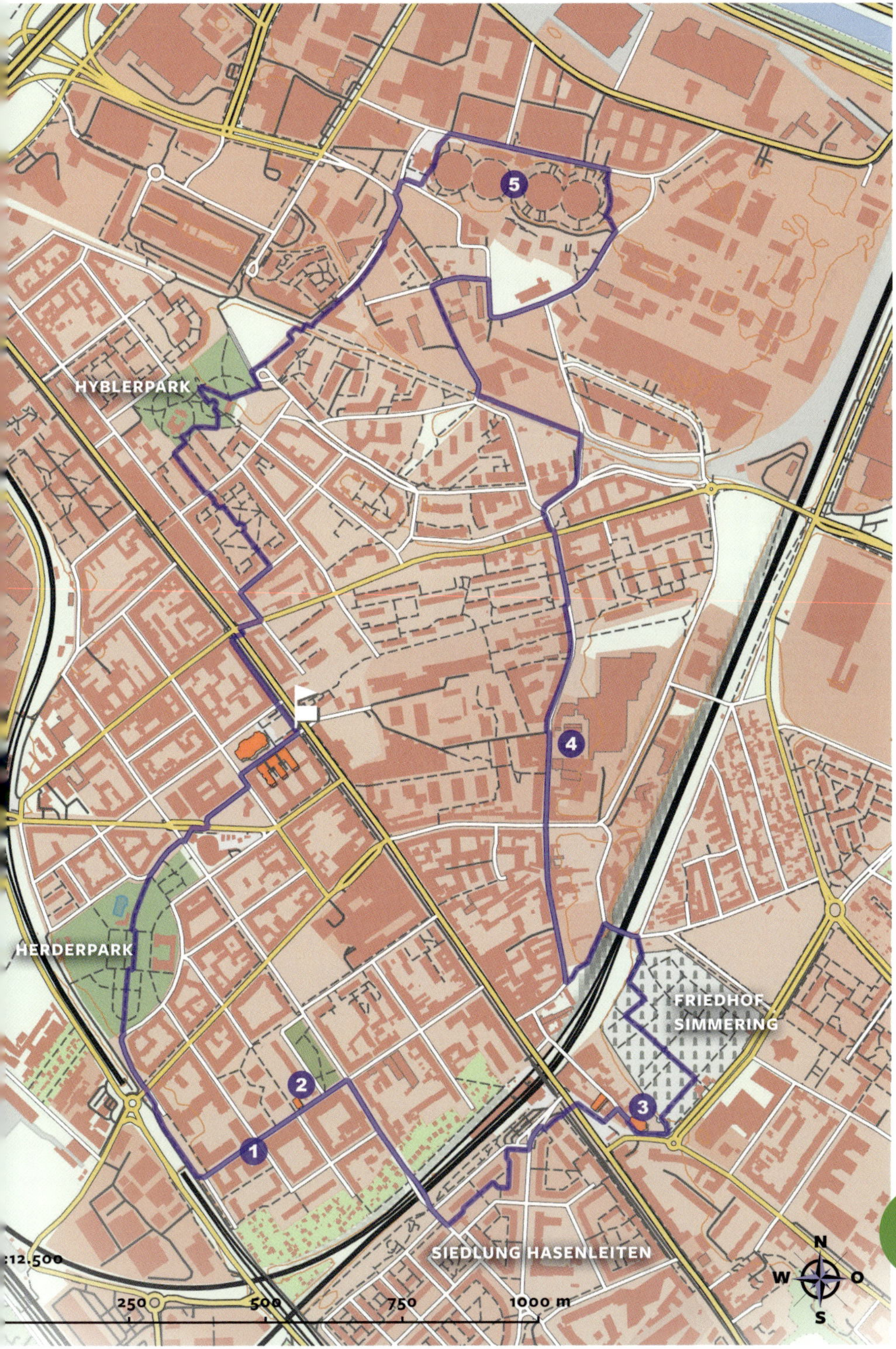
HYBLERPARK
HERDERPARK
FRIEDHOF SIMMERING
SIEDLUNG HASENLEITEN
1
2
3
4
5
:12.500
250
500
750
1000 m
N
W
O
S

getan – viel wichtiger waren Wohnraum und Schulen. Beides findet sich rund um den Herderpark, den wir nach der Überquerung der Geiselbergstraße betreten.

Der größte Park Simmerings ist ein kleines Juwel. Eingerahmt wird er von denkmalgeschützten Gemeindebauten aus den 1920ern und von der Volksschule, deren „Vorgarten" er einst war. Nahezu barock wirkt diese Parkanlage, in ihrer Mitte gießt die steinerne Meerjungfrau von Franz Sautner Wasser in den Brunnen. Schön ist auch das nach einem Brand gemäß der historischen Vorlage wiedererrichtete Familienbad. In schattigen Lauben spielt man Schach, in der Jugendsportanlage Ball.

Wir verlassen den Park über seine Mittelachse und landen „Am Kanal". Wasser fließt hier keines mehr, in den 1930ern plantschten aber noch Kinder im „Wiener Neustädter Kanal". Auf der 1803 fertiggestellten künstlich angelegten Wasserstraße wurden Lasten zwischen Wien und Wiener Neustadt durch neben dem Kanal laufende Pferde transportiert. Heute verläuft hier die Aspangbahn. Ein Stück geht es nach links, dann wieder links in die Braunhubergasse. Hier zeigt sich Simmering in seiner architektonischen Vielfalt: Auf Nr. 25, einer in die Jahre gekommenen Anlage, ist eine Gedenktafel für die leidenschaftliche Sozialdemokratin und Widerstandskämpferin **ROSA JOCHMANN** (1) angebracht, die einige Jahre hier lebte. Gleich gegenüber ist alles neu: Wo die Firma Hoerbiger einst Ventile, Kompressoren und Industriemotoren fertigte, entstand ab 2016 ein neues Wohnviertel. Verschiedene Bauträger,

Abstecher in den Dr.-Franz-Klein-Hof
Über den Eingang in der Herbortgasse 24 kann man der Länge nach durch den Hof des „romantisch" gehaltenen Baus aus den Jahren 1924/25 spazieren. Der Ausgang erfolgt über eine Treppe, die auf den „Kanal" führt. Sehenswert!

verschiedene Architekten und trotzdem eine gelungene Einheit, wie wir finden.

Am Rand des Geländes schmiegt sich ein architektonisches Kleinod ins Ensemble, als wäre es dafür gemacht worden – dabei war die **EVANGELISCHE GLAUBENS-KIRCHE** **2** von Roland Rainer zuerst da. Die gerillte Fassade könnte die Idee für die Balkongeländer-Gestaltung der Neubauten geliefert haben: einmal quer-, einmal längsgestreift. Vielleicht Absicht, vielleicht auch nicht, uns gefällt's jedenfalls. Sollte die Kirche offen sein, nichts wie hinein: Ein Fenster hinter dem Altar und ein raumhohes Kreuz aus Glasziegeln in der Wand tauchen den Innenraum in sanftes Licht. Mehr Ruhe und Erhabenheit sind kaum möglich.

Wir biegen nun rechts in die Lorystraße ein, „unterwandern" die Ostbahn und landen in der „Siedlung Hasenleiten" mit ihren dreistöckigen Wohngebäuden. Mit dem Bau der Anlage in Form einer Gartenstadt wurde noch in den 1930ern begonnen – bis dahin befand sich auf dem Gelände eine Barackensiedlung, die mit ihren Bewohner*innen, Arbeitslosen und „Ausgesteuerten", dem Dollfuß-Regime als Hort der Unruhe galt. Erst 1950 wurde die Siedlung fertiggestellt.

Über die Strachegasse und die Hasenleitengasse (jeweils links abbiegen) gelangen wir zum Bahnhof Simmering. Hier wollen wir uns nicht unnötig aufhalten, zumal – haben wir die Simmeringer Hauptstraße erst einmal gequert – die Idylle Alt-Simmerings auf uns wartet. Erster Anlaufpunkt auf dem Simmeringer Platz ist die rumänisch-orthodoxe Kirche mit ihrer bogenförmigen Fassade und dem goldenen Turm, gleich daneben eine grüne Bar, benannt nach der Froschkönig-Brunnenskulptur von Gottfried Kumpf, die im Winter spitzkegelig verpackt ist. Im Sommer blüht hier das

Synagoge Simmering
Ein paar Schritte weiter, an der Ecke Braunhubergasse/Hugogasse erinnert ein Gedenkstein an den Simmeringer Tempel, der sich an der Adresse Braunhubergasse 7 befand. In der Pogromnacht vom 9. auf den 10. November 1938 wurde die Synagoge von den Nationalsozialisten zerstört.

Nach dem Friedhofsbesuch stärkt ein schneller Imbiss. Den Senf dazu gibt's in Simmering natürlich von Mautner Markhof.

Alt-Simmeringer Leben: Es werden Cocktails geschlürft, man schaut und wird gesehen.

Wir biegen links in die Müchgasse ein und befinden uns im Kern des alten Ortes: Die **ALTSIMMERINGER PFARRKIRCHE** **3** beherrscht den Platz, flankiert vom Pfarrgebäude – und einer Autowerkstatt. Rechts vom Kirchenportal führt ein kleines Tor auf einen idyllischen Vorplatz, ein Blick hinter die Kirche lohnt sich: vereinzelte Gräber, manche davon bunt geschmückt und, weil die Kirche auf einer Geländestufe steht, ein schöner Blick über den Friedhof. Wir machen uns dorthin auf den Weg. Auf dem „Bergfriedhof" ruhen neben verdienten Simmeringer*innen in einem abgezirkelten Bereich auch die „Ursulinen aus Mauer" – warum auch immer, denn Mauer (23. Wiener Gemeindebezirk) ist weit.

Wir bevorzugen statt ewiger Ruhe eine kurze Rast sowie ein paar Schluck Wasser und machen uns auf zum Ausgang in die Ravelinstraße. Wer Hunger hat, wird dort ausreichend versorgt (Würstelbude und Wirtshaus), wir marschieren links unter der Bahn durch und dann gleich wieder links einen schmalen Weg über Stufen bergauf zur Mautner-Markhof-Gasse, der wir nach rechts folgen.

Früher hieß sie Dorf-Gasse, was auf dem Haus Nr. 90 noch zu lesen ist. Heute trägt hier alles den Namen der Industriellenfamilie **MAUTNER MARKHOF** **4**: die Gasse, die Gründe links davon, auf denen bis 2015 ein riesiger neuer Wohnpark entstanden ist (machen Sie ruhig einen Abstecher auf das 80.000 Quadratmeter große Areal), und, auf Nummer 39–41, der verbliebene Rumpf des Unternehmens. Auch wenn die Firma längst verkauft ist, werden hier noch immer Essige, Sirupe, Senf und verschiedene Feinkostartikel der Marke Mautner Markhof hergestellt. Das Gurkerl lebt!

Die Gasse mündet in den Simoningplatz, wir nehmen die Meichlstraße rechts und biegen links in die Eyzinggasse ein. Hier trifft Neubau auf Baracke, „G'stettn" auf Urban-Gardening-Areal, eine stillgelegte Bahntrasse auf neu entstandene Fußwege. Wir stehen in einer atemberaubenden Kulisse, in der auch die runden **GASOMETER** **5** erstmals ihren Auftritt haben.

Gleich nach dem Bahnschranken gehen wir den Gleisen entlang nach links bis zur Hallergasse. Das ist zwar kein offizieller Weg, aber einer, den alle benützen. Ein bisschen Abenteuer muss sein! An der Hallergasse heißt's rechts und geradeaus an Gemeinschaftsgärten und Sportanlage vorbei, dann wieder nach rechts. An der nächsten Querstraße nehmen wir die Eyzinggasse rechts (nicht dem Einbahnpfeil in die Hallergasse folgen), wo der Gehweg relativ uncharmant durch Betonblöcke von der Fahrbahn abgetrennt ist. Simmering, das geht besser!

Die Gasometer rücken näher, wir nehmen uns vor, sie zu umrunden. Dazu biegen wir in die Otto-Herschmann-Gasse ein, von der aus wir auch den einst zum historischen Gaswerk gehörenden Wasserturm im Blick haben. Es geht vorbei an den schräg gestellten Wohnkuben „Ville Verdi" und danach links über den Parkplatz – nun sind wir den ehemaligen Glockengasbehältern wirklich nahe. Die Architektur ist beeindruckend, das Drumherum entlang der Guglgasse, der wir nun nach links folgen, sagen wir es freundlich, suboptimal. Irgendwie scheint man vergessen zu haben, dass hier Menschen leben und nicht nur in die Eventhalle oder ins Kino wollen. Wo genau ist hier ein bisschen Grün? Wir vermuten es in Blickrichtung Simmeringer Hauptstraße und machen uns schnurstracks auf den (Medwed-)Weg dorthin. Er führt uns zum Hyblerpark, wo auch neu gebaut wurde,

Die Gasometer sind so etwas wie die Wahrzeichen Simmerings – mit eigener U-Bahn-Station.

aber – so scheint's – mit mehr grünem Daumen. Das Gelände steigt zu zwei „Aussichtsplattformen" an, die nochmals einen Blick Richtung Gasometer erlauben. Wir stellen fest: Aus der Ferne sind die Industriedenkmale reizvoller.

Alle, die am Friedhof oder auf dem Mautner-Markhof-Gelände ein paar Extra-Schritte gemacht haben, können hier, an der U3-Station Zippererstraße, Schluss machen. Die anderen vollenden, wie wir, ihre „10.000" zu einer Runde: Zwischen den Wohnblöcken des Josef-Haas-Hofs gelangen wir links zur Zippererstraße, queren diese, schlüpfen gleich gegenüber durch den Zugang zu den Stiegen 1–12 in den Strindberghof und durchschreiten dessen riesigen grünen Innenhof. Über die Schikane Strindberggasse (rechts), Rinnböckstraße (links), Kopalgasse (rechts), Simmeringer Hauptstraße (links) kehren wir wieder auf den Enkplatz zurück.

10.000er-mission completed. Die Kirche finden wir noch immer riesig.

Top 5 auf dieser Route

01.
Rosa Jochmann

Die 1901 geborene Fabriksarbeiterin, Betriebsrätin, Sozialdemokratin, Frauenrechtlerin und Widerstandskämpferin war 1939 bis 1945 im KZ Ravensbrück inhaftiert. Nach ihrer Rückkehr saß sie 1945 bis 1967 für die SPÖ im Nationalrat. Die ehemalige SPÖ-Frauenvorsitzende starb 1994, ihr Ehrengrab befindet sich auf dem Wiener Zentralfriedhof.

02.
Evangelische Glaubenskirche

Roland Rainer baute nicht nur die Wiener Stadthalle oder den ORF am Küniglberg, sondern 1962/63 auch diese Kirche. Das hohe kubische Haupt- und die niedrigen Nebengebäude bilden ein fast japanisch anmutendes Atrium. Und die Glocken sind Glaube, Liebe und Hoffnung geweiht.

03.
Altsimmeringer Pfarrkirche

Erstmals urkundlich erwähnt wurde die dem heiligen Laurenz geweihte Kirche 1267, auch Funde bestätigen eine Existenz im Mittelalter. Der heutige Bau stammt aus dem 18. Jahrhundert. Seinen wehrhaften Charakter zeigt er noch im massiven Turm, der in die Kirchenfassade integriert ist.

04.
Mautner Markhof

Adolf Ignaz Mautner übersiedelte um 1840 von Böhmen nach Wien und braute in St. Marx, Erdberg, Bier (1872 wurde er als Mautner von Markhof geadelt). Berühmt wurde die Presshefe als „Abfallprodukt" der Bierherstellung, die in einem Werk in Simmering erzeugt wurde. Nach 1918 wurde das Sortiment um Senf, Essig und Spirituosen erweitert, zu einer Blüte des Betriebs kam es nach 1945 bis in die 1970er-Jahre.

05.
Gasometer

Die vier Behälter wurden zwischen 1896 und 1898 errichtet, um die Stadt mit Gas zu versorgen. 1986 wurden sie endgültig stillgelegt. Nach einer „Zwischennutzung" für Rave-Partys in den 1990ern wurden die Gasometer entkernt und 1999 bis 2001 von Jean Nouvel, Coop Himmelb(l)au, Wilhelm Holzbauer und Manfred Wehdorn unter anderem zu Wohnungen umgebaut.

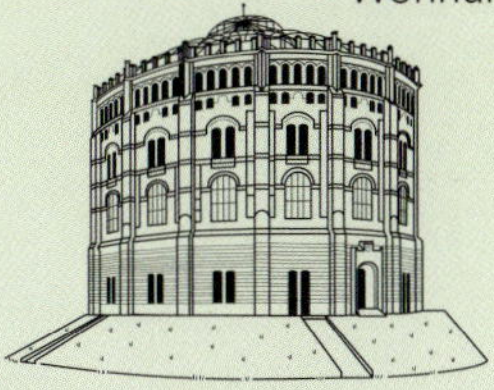

15

Vom Sonnwend- ins Weißgerberviertel

Die Vereinende

Neues Viertel. Alter Garten. Noble Fassaden.

Charakter der Tour
Immer eben dahin geht es auf dieser buggytauglichen Tour, die ein neues mit einem alten Stadtviertel verbindet.

NATUR

STADT

KINDER

BUGGY

HUNDE (Hundeverbot im Botanischen Garten)

VERKEHRSANBINDUNG:
Start: U1, Buslinien 13A/69A, Bim-Linien D/O/18, S1, S2, S3, S60, S80 und Züge der ÖBB, Station Hauptbahnhof
Ziel: Bim-Linie 1, Station Löwengasse

Mit „großem Bahnhof" werden wir an unserem Ausgangspunkt zwar nicht empfangen, riesig ist der Hauptbahnhof aber allemal und der für den Beginn unserer Tour relevante Ausgang „Sonnwendgasse" gar nicht so leicht zu finden. – Geschafft! Clean ist es hier und klein kommt man sich vor zwischen all den neuen Bauten. Einer davon dient uns – dafür drehen wir den Kopf nach links – als „Landmark", die wir nun ansteuern. The Metropolitan heißt der Skyscraper und er hat 19 Stockwerke. Uns wird ein bisschen „schwummerig" beim Gedanken, da oben zu wohnen. Aber wir müssen ja nicht.

Im Gegenteil – wir wollen auf dem Boden bleiben und so richtig ausschreiten. Das lässt sich im Helmut-Zilk-Park, benannt nach dem bekannten Wiener Bürgermeister, auch gut einrichten. Wie eine grüne Landzunge ragt der Park ins vielgestaltige Häusermeer des neuen Sonnwendviertels, das sich der „sanften Mobilität" verschrieben hat. Soll heißen: Fußgänger*- und Radfahrer*innen haben absoluten Vorrang. Das gefällt uns! Und dass der Park noch kein Park ist, sondern eher eine Grünfläche mit Mini-Bäumen und schütteren Wiesenwildnis-Bereichen, wollen wir nicht so eng sehen. In zehn Jahren sieht das bestimmt ganz anders aus.

Wir spazieren an der linken Seite der riesigen Grünfläche entlang, kommen an der Bäckerei vorbei, die gleichzeitig als Café fungiert, am Spielplatz und am Motorik-Park, wo wir mit allerhand Gerätschaften unsere Körperbeherrschung schulen könnten. Wir

INNERE STADT
LANDSTRASSE
BELVEDERE
WIEDEN
FAVORITEN
1
2
3
4
5
:20.000
250
500
750
1000 m
N
W
O
S

turnen heute aber nicht, sondern biegen links ab und schwingen uns über den Arsenalsteg auf die gegenüberliegende Seite der Gleise. Diese atemberaubende Verbindung zwischen dem 10. und dem 3. Bezirk existiert erst seit Juli 2020. Durch das nach innen geneigte bogenförmige Geländer werden wir förmlich auf die andere Seite gezogen, immer auf den **FUNKTURM WIEN-ARSENAL** ❶ zu. Haben Sie diesen „Zwilling" des Donauturms vorher gekannt? Wir nicht.

Die Brücke verbindet Neu mit Alt, denn sie führt uns auf das Gelände des Arsenals. Wie verwunschen liegt das Areal, für das ab 1849 ca. 177 Millionen Ziegel verbaut wurden, vor uns ausgebreitet. Es ist zu hoffen, dass auch die noch nicht revitalisierten Gebäude auf der rechten Seite des Stegs erhalten bleiben – mitsamt dem Baumbestand!

Wir biegen am Kirchenweg links ab und spazieren kurz darauf rechts entlang der Dekorationswerkstätten der Österreichischen Bundestheater mit ihren großen Glasschrägen durch den Park. Linker Hand begleitet uns das langgestreckte Gebäude des **HEERESGESCHICHTLICHEN MUSEUMS** ❷, das wir linksherum umrunden, um anschließend durch den Hof des „Objekts 1" auf die Ghegastraße zu gelangen. Auf der Heeresmuseumstraße geht es geradeaus weiter in den dreieckigen Schweizergarten, den wir von der Basis bis zur Spitze durchqueren. An seinem linken Schenkel liegt das „Belvedere 21", das als „Filiale" des Belvederes zeitgenössische Kunst präsentiert. Der grandiose kubische Bau von Karl Schwanzer war 1958 als Österreich-Pavillon auf der Weltausstellung in Brüssel zu sehen und wurde ab 1962 als „Museum des 20. Jahrhunderts" („20er Haus", später „21er Haus") genutzt.

Am Ende des Schweizergartens liegt links die „Schleife", die Straßenbahn-Umkehrstelle des alten Südbahnhofs – und weckt Erinnerungen: Hier stiegen an Sonntagabenden Hunderte wochenpendelnde Student*innen in Bim oder Bus, um in ihre Wiener Bleiben zu fahren, an Freitagabenden war der Platz vor

Der Arsenalsteg verbindet das hippe Sonnwendviertel mit dem altehrwürdigen Arsenal.

In den lichtdurchfluteten Dekorationswerkstätten der Bundestheater entstehen nicht nur Bühnenbilder: Im Sommer finden hier die Workshops von ImPulsTanz, den Wiener Tanzwochen, statt.

dem Bahnhof – und dessen Halle – voll mit Gastarbeiter*innen, die auf den Zug in die alte Heimat warteten. Anstelle von „Gewurl" herrscht heute elegante Ruhe, eingefasst durch die geschwungenen Fassaden des „Erste Campus", der u. a. das Headquarter der Erste Bank beherbergt. Die Wartehäuschen aus der alten Zeit stehen noch – und bilden das Pendant zu jenem am Schubertring, dem in Tour 09 gehuldigt wird.

Wir queren den Landstraßer Gürtel zum Oberen Belvedere hin. Rechter Hand führt uns eine kleine Pforte in ein Paradies, das allerdings beschränkte Öffnungszeiten hat, bei Sturm geschlossen bleibt und Vierbeiner nicht einlässt.

Der Botanische Garten der Universität Wien wurde zu Zeiten Maria Theresias als Hortus medicus, als Garten für Medizinalpflanzen, angelegt. Berühmte Gartendirektoren waren Nikolaus Joseph Freiherr von Jacquin und dessen Sohn Joseph Franz, die von der

Tipps

Auf festem Fuß ins hohe Alter

Wie zeigt sich Bewegungsmangel aus Sicht der Traditionellen Chinesischen Medizin, kurz TCM, im Körper?
„Wenn Menschen ihren Körper bewegen, können hunderte Übel verhindert werden", sagte im 7. Jahrhundert Sun Simiao, ein berühmter chinesischer Arzt. Unsere Vorfahren bewegten sich ausreichend, aber durch die Industrialisierung ist die Bewegung auf der Strecke geblieben, was die Verbreitung von „Volkskrankheiten" wie etwa Depressionen, Schlaf- und Angststörungen gefördert hat. Die körperliche Aktivität wirkt sich aus der Sicht der TCM sehr stark auf den Geist (Shen), auf unsere Mitte (Funktionskreis Milz–Magen, Hauptenergielieferant) und unsere Atemenergie (Lungenfunktion) aus. Diese drei Faktoren haben eine große Bedeutung in der Aufrechterhaltung der Balance zwischen Yin und Yang und damit auch zur Aufrechterhaltung unserer Gesundheit.

Was leistet regelmäßige, sanfte Bewegung wie Gehen für den Körper?
Die chinesische Medizin schätzt seit Jahrtausenden die sanften, fließenden Bewegungsabläufe in Form von Taiji und Qigong als Übungen zur „Lebenspflege". Einen ganz ähnlichen Effekt hat regelmäßiges Gehen. Es wirkt positiv auf unser Qi, unsere Lebensenergie. Qi und Blut kommen besser in Fluss, was Konzentrationsfähigkeit und Gleichgewicht fördert, körperliche und geistige Kraft und Regeneration stärkt und die Gelenke beweglich hält. Gehen, Taiji und Qigong wirken vor allem präventiv und halten uns bis ins hohe Alter beweglich.

Können uns die therapeutischen „Säulen" der TCM dabei helfen, wieder in Bewegung zu kommen?
Ja, definitiv! Bei Schmerzen im Bewegungsapparat, Herz-Kreislauf-Störungen oder Befindlichkeitsstörungen können Akupunktur, chinesische Pharmakologie und Diätetik eine wichtige Rolle in der Behandlung spielen. Akupunktur bewährt sich bei reversiblen, funktionellen Erkrankungen sehr gut. Sie kann das, was gestört, aber nicht zerstört ist, günstig beeinflussen. Und die langsam fließenden Bewegungen des Qigong lösen Verspannungen und Erstarrungen und können Schmerzen lindern. Wir kommen wieder „in Gang", Bewegungs-, Ausdrucks- und Lebenslust werden angeregt. Insgesamt kann die TCM allen Menschen, unabhängig vom Alter, dazu verhelfen, „auf festem Fuß ins hohe Alter" zu gelangen.

DR. VERDANA CERIMAGIC, Ärztin für Allgemeinmedizin und Traditionelle Chinesische Medizin
tcm-cerimagic.at

Freizeittipp
Im Botanischen Garten wird geforscht, Artenschutz betrieben, Wissen vermittelt und das Thema Kunst und/im Garten unter die Lupe genommen. Man kann an Führungen teilnehmen, an diversen Veranstaltungen, es gibt Raritätenbörsen und Kurse (von „Mähen mit der Sense" bis zu „botanischer Illustration"). Auf geht's!

Mitte des 18. bis zur Mitte des 19. Jahrhunderts den Pflanzenbestand erheblich erweiterten. Ein Denkmal für die beiden findet sich im Garten, die östlich angrenzende Gasse ist nach ihnen benannt.

Unser Ziel und „Ausgang" ist der Haupteingang in der Praetoriusgasse, aber an diesem zauberhaften Ort lassen wir uns Zeit: Wir staunen, genießen und achten nicht auf den Schrittzähler. Hier findet jede/-r einen eigenen Weg – vom Alpengarten über die Koniferen, den Bambushain, durch verschiedene thematische und systematische Pflanzengruppen zu Kakteen und Tropenhaus.

Am unteren Ende des Botanischen Gartens führt uns die Praetoriusgasse auf den Rennweg. Ein kurzer Blick nach links: Da steht eine riesige doppelstämmige Platane aus der Zeit von Jacquin (Vater). Absolut sehenswert!

Gegenüber liegt die Kirche Sacré Cœur samt zugehörigem Schulgelände, wir nehmen die Reisnerstraße und begeben uns damit auf nobles Terrain. In den Palais des Viertels sind Botschaften sonder Zahl untergebracht, uns ziehen die goldenen Zwiebeltürme der russisch-orthodoxen Kirche an, weswegen wir rechts in die Jaurèsgasse einbiegen. Die Kathedrale zum heiligen Nikolaus stammt aus dem letzten Jahrzehnt des 19. Jahrhunderts und wurde zwischen 2003 und 2008 runderneuert.

Wir queren die Gleise über die Fußgängerbrücke mit dem grünen Geländer (mit dem Buggy geht's rechts über die Rampe und mit dem Lift nach unten), die uns auf die Linke Bahngasse führt, auf die wir links einbiegen. Über die Streichergasse (rechts) marschieren wir auf das Haus **PORTOIS & FIX** **3** zu, das aus dem Jahr 1900 stammt und den Charme seiner mit geometrischen Mustern grün gekachelten Fassade beim Näherkommen enthüllt. An der linken oberen Fassadenecke sind die Initialen P und F „eingekachelt", für August Portois und Anton Fix, die Besitzer der einst renommierten Möbelfirma. Très chic! Auch wir wenden uns nach links.

Gleich danach geht's rechts in die Dapontegasse – sie führt direkt auf den kleineren der beiden Flaktürme des Arenbergparks zu. Es ist fast so, als wäre das Sims des martialischen Bauwerkes in Abstimmung mit den vielen halbrunden Balkonen gestaltet worden, die in die Gasse ragen. Seit 1906 ist der Park öffentlich zugänglich, zuvor war er in Besitz von Prinzessin Franziska Arenberg. Die Flaktürme wurden in den Jahren 1942/43 errichtet, zum großen Teil von Kriegsgefangenen und Zwangsarbeiter*innen. Eine beunruhigende Architektur – ganz im Gegensatz zum Codenamen der beiden Türme: Er lautete Baldrian. Die Wohnhäuser rund um den Park entstanden allesamt im ersten Jahrzehnt des 19. Jahrhunderts – architektonische Einheit mit großer Grandezza.

An der Nordseite des Parks spazieren wir über den Ziehrerplatz in die Pfarrhofgasse. Anschließend nehmen wir rechts beim Oberstufenrealgymnasium den Durchgang auf die Landstraßer Hauptstraße. Dort brummt das Leben. Am ein Stück stadteinwärts gelegenen Rochusmarkt können wir uns stärken, bevor wir über Kundmanngasse und Erdbergstraße (rechts) zur Parkgasse und damit zum **HAUS WITTGENSTEIN** **4** gelangen, das heute das Bulgarische Kulturinstitut beherbergt. Durch das interessante Gitterportal lässt sich der eine oder andere Blick auf den wuchtigen Bau erhaschen.

Über die Geusaugasse, vorbei am Säulenportikus des Palais Rasumofsky (1806), gelangen wir in die gleichnamige Gasse. Ein paar Schritte weiter links, auf Nummer 20, wohnte und arbeitete Robert Musil, heute hat dort die „Grazer Autorinnen Autorenversammlung“ ihr Büro. Wir schlagen aber einen linken Haken durch die hübsche Salmgasse, um an der nächsten Ecke den gerade einmal zwei Armlängen breiten Durchgang zum Czapkapark zu nehmen.

An dessen Ende gelangen wir links wieder in die Geusaugasse, von dort rechts in die Weyrgasse und schließlich auf die Marxergasse, der wir nach rechts folgen. Auf Nummer 7 kann eines weiteren Literaturgiganten gedacht werden: Im legendären Café Zartl trank schon Heimito von Doderer Kaffee.

Das „Zartl“ – legendäres Literatencafé und guter Touren-Ausklang.

An der verkehrsreichen Kreuzung biegen wir in die Löwengasse ein. Bevor wir uns dem Ende unserer Tour nähern, lohnt auf Nummer 47 ein Blick nach oben. An der Fassade des Palais des Beaux Arts (1908/09) stemmen Frauenfiguren Globen und das Dach. Wir wussten es schon immer: Die Welt ruht auf den Schultern der Frauen.

Von einem Mann, eigentlich von zwei Männern, dem Maler Friedensreich Hundertwasser und dem ihm zur Seite gestellten Architekten Josef Krawina, stammt das **HUNDERTWASSERHAUS** **5** mit seiner außergewöhnlich bunten Fassade. Hier wird fotografiert, was das Zeug hält. Gleich um die Ecke, in der Unteren Weißgerberstraße 13, bietet das Kunst Haus Wien eine Permanent-Schau mit Werken des Meisters und spannende Wechselausstellungen.

Bunter Gemeindebau als touristischer Foto-Hotspot: das „Hundertwasserhaus“.

Ins Museum gehen wir ein andermal, wir springen an der Station Löwengasse in den „1er“ und gondeln Richtung Schwedenplatz. Schön, nach getanen Schritten die Beine ausstrecken zu können.

Top 5 auf dieser Route

01.
Funkturm Wien-Arsenal

Der auch „Alfred“ genannte urm ist mit seinen 155 Metern las fünfthöchste Gebäude der adt. Gebaut wurde er 1975 als fernmeldetechnische Schaltstelle, bis 2001 sendete er die analogen Fernsehprogramme des ORF, heute gehört er zum Technologiezentrum Arsenal der A1 Telekom Austria.

)2.
Heeresgeschichtliches Museum

Das 1850 bis 1857 nach Plänen von Ludwig Förster und Theophil Hansen im osmanisch-his- oristischen Stil errichtete Gebäude war der erste Museumsbau Wiens. Unter dem Leitspruch „Kriege gehören ns Museum“ thematisiert das Haus heute die Geschichte der europäischen Kriege und ein Stück weit die Geschichte der Habsburgermonarchie.

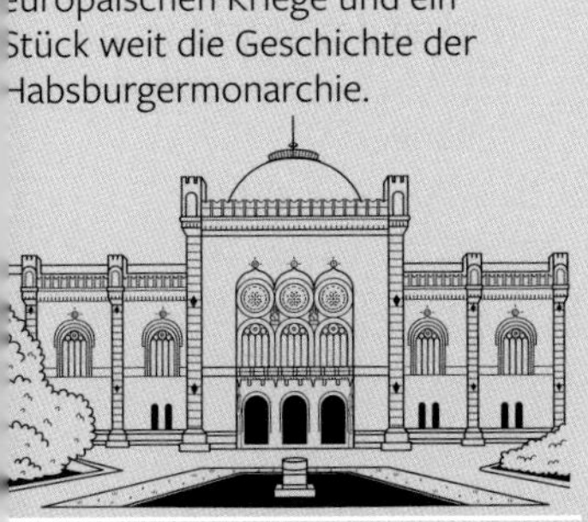

03.
Haus Portois & Fix

Der Bau bildet das Hauptwerk des Architekten Max Fabiani (1865–1962). Er entwarf einen völlig neuen Typus des Geschäftshauses, indem er die Geschäftsfassade in Gestaltung und Materialien deutlich vom oberen Trakt absetzte. Er verwendete – wie Wagner beim Majolikahaus an der Wienzeile – Kacheln, aber in weit modernerem Design.

04.
Haus Wittgenstein

Die Schwester Ludwig Wittgensteins, Margaret Stonborough, beauftragte Paul Engelmann mit dem Bau einer Villa. Ludwig Wittgenstein beteiligte sich an der Planung. Ausgehend von den gewünschten Proportionen und der Funktionalität der Innenräume entstand 1928 ein nüchterner, aus Kuben zusammengesetzter Bau mit vertikal ausgerichteten Fenstern.

05.
Hundertwasserhaus

1972 präsentierte Friedensreich Hundertwasser in der TV-Show „Wünsch dir was“ Modelle für eine natur- und menschengerechte Architektur. 1985 war der Gemeindebau nach seinen Prinzipien fertig – und wurde zum Publikumsmagneten. Daran konnte auch der jahrelange Rechtsstreit zwischen Hundertwasser und dem Architekten Josef Krawina nichts ändern.

Literatur (Auswahl)

ALLGEMEIN

Felix Czeike: Historisches Lexikon Wien. Kremayr & Scheriau, 1992–2004 (sechs Bände)
Christian Hlavac: Wiener Parkgeschichten: Von Gärtnern, Kaisern und Grünoasen. Almathea, 2021
Jine Knapp: WildUrb: Wien geht. Rittberger+Knapp, 2011
Ilse König: Wien für Fortgeschrittene. Styria, 2020
Martin Moser: WildUrb: Wien wandert. Rittberger+Knapp, 2015
Christian Seiler: Besser gehen in Wien. CSV, 2020
geschichtewiki.wien.gv.at
spiegel.de/gesundheit/ernaehrung/fitness-die-10-000-schritte-regel-pro-tag-basiert-auf-einer-werbung-a-1279520.html
Philosophie Magazin, Sonderausgabe 10, Wandern, Juni 2018

TOUR 1 **Die Dörferverbindende**

Pötzleinsdorf
Marie-Theres Arnbom: Die Villen von Pötzleinsdorf: Wenn Häuser Geschichten erzählen. Almathea, 2020

TOUR 2 **Die Vielgestaltige**

Waldandacht Maria Grün
story.one/u/juergen-heimlich-3550232d/die-waldandacht-in-maria-grun (Jürgen Heimlich: Die Waldandacht in Maria Grün)
Richterturm
baudenkmaeler.wordpress.com/2017/08/30/zielrichterturm-trabrennbahn-krieau-wien-ii/
Praterateliers
docplayer.org/52335843-Praterateliers-bildhauerateliers-des-bundes.html

TOUR 3 **Die Rote**

Wienerberg
wienerzeitung.at/nachrichten/chronik/wien-chronik/752647-Die-Sandler-vom-Wienerberg.html?em_cnt_page=2 (Alexander Maurer: Die Sandler vom Wienerberg)
wohnpartner-wien.at/fileadmin/Downloads/Broschueren/wohnpartner_Ziegelboehm2014.pdf
wgm.wien.at/fileadmin/docs/hydrogeo-forschung/Aktivitäten/WasserStadtWien_Buch/2019_WGM_Beitrag_für_WasserStadtWien.pdf (Sabine Grupe, Thomas Payer: Wien am Wasser: am Meer, am See, am Fluss)
de.wikipedia.org/wiki/Raxstraße#Nr._29–111:_Siedlung_Am_Wasserturm

TOUR 4 **Die Abwechslungsreiche**

Natur in Hernals
bpww.at/sites/default/files/download_files/Wiener_Gemeindebezirksbericht_Hernals.pdf

TOUR 5 **Die Nördliche**

Siedlungen
Otto Häuselmayer: Städtebauliche Architektur. Birkhäuser, 2018
derstandard.at/story/1193947/die-groesse-der-grossfeldsiedlung (Thomas Rottenberg: Die Größe der Großfeldsiedlung)
library.oapen.org/bitstream/id/4410fe6a-8438-4eca-89dc-82184db334e5/628294.pdf (Andreas Suttner: Das Schwarze Wien: Bautätigkeit im Ständestaat 1934–1938. Böhlau, 2017)
floridsdorf.spoe.wien/wp-content/uploads/sites/969/2019/12/Geschichte_Nordrandsiedlung.pdf

TOUR 6 **Die Nostalgische**

Romawiese
Romane Thana: Orte der Roma und Sinti in Wien, Ausstellungskatalog, Wien Museum Karlsplatz. Czernin, 2015

Lovara auf dem Mühlschüttel
donaufeld.wordpress.com/2015/04/13/die-lovara-auf-dem-muhlschuttel-eine-spurensuche/

TOUR 7 **Die Entschleunigende**

Kraftwerk Donaustadt
de.wikipedia.org/wiki/Kraftwerk_Donaustadt#Geschichte

TOUR 8 **Die Klassische**

Wald und Immunsystem
geo.de/natur/oekologie/21200-rtkl-heilsame-duftstoffe-wie-baeume-unser-immunsystem-staerken
ndr.de/ratgeber/gesundheit/Wissenswertes-rund-um-die-Heilkraft-des-Waldes,wald806.html

TOUR 9 **Die Demonstrative**

Praterstraße
Rupert Feuchtmüller: Die Praterstraße in der Wiener Leopoldstadt. Christian Brandstädter, 1992
wienerzeitung.at/nachrichten/chronik/wien-chronik/2103162-Die-Entzauberung-einer-Strasse.html (Peter Payer: Die Entzauberung einer Straße)

TOUR 10 **Die Erhabene**

Eugenie Goldstern
doew.at/erinnern/biographien/spurensuche/alle-biographischen-skizzen/eugenie-goldstern-1884-1942

TOUR 11 **Die Grenzüberschreitende**

Hohlwege
museumnoe.at/de/das-museum/blog/das_leben_in_der_vertikalen
Venusgarten Langenzersdorf
noen.at/naturimgarten/langenzersdorf-bluehlinge-venusgarten-in-langenzersdorf-162711580

TOUR 12 **Die Wiesenreiche**

Natur in Hietzing
bpww.at/sites/default/files/download_files/Wiener_Gemeindebezirksbericht_Hietzing.pdf
Friedensstadt
diepresse.com/3860428/der-landraub-zu-lainz-adolf-loos-und-die-wilden-siedler (Wolfgang Freitag: Der Landraub zu Lainz: Adolf Loos und die wilden Siedler)
Werkbundsiedlung
werkbundsiedlung-wien.at

TOUR 13 **Die Bürgerliche**

Universitätssternwarte
bibliothek.univie.ac.at/sammlungen/universitatssternwarte_und_sternwartemuseum.html
Sternwartepark
derstandard.at/story/1304553661936/oekostandard-reportage-sternwartepark-ein-stueck-wildnis-mitten-in-wien (David Krutzler: Sternwartepark: Ein Stück Wildnis in Wien)
Karl-Marx-Hof
dasrotewien.at

TOR 14 **Die Unbekannte**

Petra Leban, Johannes Hradecky: Lebensbezirk Simmering. Carl Gerold's Sohn Verlagsbuchhandlung KG, 2012

TOUR 15 **Die Vereinende**

Landstraße
Felix Czeike: III Landstraße: Wiener Bezirksführer. Jugend & Volk, 1984
Wiener Bezirkshandbücher, 3. Bezirk, Landstraße. Pichler Verlag, 2002
Arsenalturm
wienerzeitung.at/nachrichten/politik/wien-politik/885293_In-die-Stadt-gesteckt.html (Bernd Vasari: In die Stadt gesteckt)

10.000 Dank an …

Jasmin Parapatits, die von Anfang an begeistert
und das gesamte Projekt über für mich da war,
Lukas Lorenz, der Fotos macht, bei denen einem
die Worte fehlen (mir zumindest),
Anna Haerdtl, die all unsere Einzelteile so stilsicher in Form bringt,
Gernot Holliger, dem genauesten und verlässlichsten Kartengestalter ever,
Heidi Hölbling, die alles gelesen hat – und noch einmal und noch einmal,
Elisabeth Austaller, die beim Endspurt mit der Zielflagge gewinkt hat,
Elisabeth Stein-Hölzl und Matthias Opis, die mir vertraut haben,
Ella, meiner zeitweiligen vierbeinigen Wegbegleiterin,
die oft stehen bleiben musste (was sie nicht gern tut),
Amaryllis Sommerer, Peter Rosmanith, Cornelia Krajasits und Dolfi Andel,
die mir den einen oder anderen rechten Weg gezeigt haben,
meinem Bruder Michael Fasan, der die allererste Tour gelesen
und mir Mut gemacht hat,
und meinem Vater, der mir das Geh-Gen vererbt hat.

Liebe Leserin, lieber Leser,
hat Ihnen dieses Buch gefallen? Dann freuen
wir uns über Ihre Weiterempfehlung!

Wollen Sie weitere Informationen zum Thema?
Möchten Sie mit der Autorin in Kontakt treten?
Wir freuen uns auf Austausch und Anregung unter
leserstimme@styriabooks.at

Inspiration, Geschenkideen und gute Geschichten
finden Sie auf **www.styriabooks.at**

in der Verlagsgruppe Styria GmbH & Co KG
Wien – Graz

ISBN 978-3-7088-0810-9

Covergestaltung: Anna Haerdtl, Bureau A/O
Layout: Anna Haerdtl, Bureau A/O
Fotos: Lukas Lorenz
Coverfoto: Lukas Lorenz
Illustrationen: Ish Galizdo
Datengrundlage Karten:
Situation: OpenStreetMap,
© OpenStreetMap-Mitwirkende
(www.openstreetmap.org)
Höhendaten: Digitales Geländemodell (DGM) Österreich
Geoland.at (www.geoland.at)
Kartengestaltung: Gernot Hollinger
Projektleitung: Jasmin Parapatits

Druck und Bindung: DZS Grafik
Printed in the EU
7 6 5 4 3 2